新潮新書

譚璐美
TAN Romi

阿片の中国史

新潮社

阿片の中国史●目次

序章　煙館

イギリスの作家、コナン・ドイルが書いた探偵小説、『シャーロック・ホームズの冒険』シリーズのなかに、「唇の捩《ねじ》れた男」という短編がある。

アヘン中毒になったイギリスの貴族紳士が失踪した謎を解く、というストーリーだが、その冒頭部分で、貴族紳士の友人で主治医でもあるワトスン氏が、貴族紳士を捜しにアヘン窟へ行く場面がある。アヘン窟はロンドンの東のはずれのアッパースワンダム小路にあり、「金の棒」という名の家だという設定である。

上《アッパー》スワンダム小路というのは、ロンドン橋の下手の北岸にならぶたかい荷揚場の裏にあるきたならしい町で、既製服屋と居酒屋のあいだの急な段々を、洞穴の入口みたいな暗いところへ降りてゆくと、そこに目的のアヘン窟があった。

馬車を待たせておいて、年じゅう酔いどれどもが上下するので中ほどの凹《くぼ》んだ石段を降りてゆくと、戸口に掲げた石油ランプのちらちらするなかに掛金が見えたので、そこからなかへはいっていった。なかは天井の低い細長い部屋で、移民船の船室に見るように、木の寝床が段々に設けられてあり、そのなかをどすぐろく濁ったアヘンの煙がもうもうとたちこめている。

うす暗がりをとおしてみれば、その寝床にはさまざまな夢幻的な姿勢をたもって、人々の横たわっているのがわかった。……人影の間で、小さな赤い火がぽかりと丸くともり、金属製の火皿のなかで、毒の火の息ぶきにつれて静かに明暗をつづけている。……ずっと奥のほうに木炭の燃えている火鉢があって、そばの三脚の腰掛に、背のたかいやせた老人が腰をおろして両肘を膝につき、拳のうえに顎をのせてじっと火のなかを見入っていた。

私がそこへはいってゆくと、顔いろの黄いろいマレー人の給仕が、パイプと一回分の薬品を手に急いでやってきて、空いている寝床を教えてくれた。

（『シャーロック・ホームズの冒険』延原謙訳、新潮文庫）

ここに描写されているアヘン窟とは、なんと恐ろしげな場所だろう。まことに胡散臭く、陰鬱で、危険がいっぱいの雰囲気が漂っているではないか。もしかしたら、今でもロンドンのチャイナタウンあたりには、こんな場所があるのではないかと錯覚してしまいそうだ。まあ、読者の恐怖心を煽るには、うってつけの場面設定だ。

これがアヘン窟というものなのか――。

読者の中には、強烈な印象を抱いた方も少なくないにちがいない。なにを隠そう、かつての私も実はその一人だったのだ。

だが、これは決して正しいイメージではないようだ。

実際のところ、アヘン窟の「本場」といってはなんだけれども、中国のアヘン喫煙所には様々なタイプがあり、規模やランクがはっきりと分かれていて、決してワトスン氏が目撃したような、薄汚く怪しげな場所ばかりではない。もっと大掛かりで豪華絢爛、贅沢な憩いの場もふんだんにあったのである。

ここから先は中国の話に移るので、ついでに表記も「アヘン」から「阿片」へと漢字に直そうとおもう。どうも漢字表記のほうが中国らしくて、落ち着くような気がしてしまうからだ。

阿片喫煙所の中で、高級なランクに属するものは「煙（烟）館」と呼ばれていた。大規模な「煙館」の場合、喫茶店とレストラン、バー、劇場、ホテルの施設を兼ね備えたほどの規模を誇り、内装も豪華なら、客層も富裕層を中心とする華やかな社交場で、常に満員盛況の活気を呈していた。内部の様子は、例えばこんな風になっている。

大きな建物の玄関を入ると、両側にフロントが設置されている。フロント台は真鍮製で光り輝いている。中央の通路を通って奥へ入ると、そこは大ホールになっていて、沢山のテーブルと椅子のセットがある。正面にある舞台では、にぎやかな胡弓の調べにのせて京劇が演じられ、観客たちはテーブル席で料理を注文し、酒を酌み交わし、女性と戯れるのだ。ホールの高い天井に嬌声と笑い声が響きわたり、阿片の煙が雲のように漂い、鼻をついた。

「階上は特等室です」と、ボーイが誘うのについて、二階席へあがってみることにした。

ホールの端にある階段を上がると、回り廊下になっている。案内されて廊下を巡っていくと、階下の大ホールが一望に見渡せる。廊下の外側には部屋が連なり、仕切りのカーテンが吊るされている。カーテンのひとつを開けながら、ボーイが聞いた。

「ご指名はありますか？」

もしも目当ての女の子がいれば、彼女の名を告げるだけで、即座にやってくる。初めてならば、手すきの女の子が初対面の挨拶に来るというわけだ。部屋の中央には赤いシルクの緞子《どんす》でできた分厚い布団が敷かれている。

濃い化粧をしてチャイナドレスを着た女の子が、両手で盆を捧げもってきた。盆のなかにはアルコールランプ、キセル、細い棒状の阿片が数本。それに小さな銅板が一枚入っている。……アルコールランプに火を点《とも》し、阿片の棒を近づけて火を移す。棒には等分に四つの印がついていて、どこまで吸うかで値段が変る。値段は安い。お持ち帰りなら二角（一角は一元の十分の一）。「特等室」で吸っても、わずか四角だ。火のついた阿片棒を銅板の上にのせ、混ぜ合わせ、火で炙り、さらに混ぜ合わせる。それからキセルの先に移す。

「おひとつ、いかが？」

初対面の女の子は、そう言いつつ、キセルを差し出し、にっこり笑った。

（『鴉《あ》片《へん》之今昔』陶亢徳編、上海、宇宙風社出版、一九三七年）

これは中華民国時代の様子を見た人が書き記したものである。

「煙」という言葉は本来「タバコ」を意味するが、阿片が蔓延していた頃の中国では、「煙」とは他でもない、阿片の代名詞として通用していた。そして「茶館」（中国茶を出す喫茶店）ならぬ、「煙館」と呼ばれる阿片の喫煙店が無数にできたのである。「煙館」は北京のみならず全国各地に広まり、金持ちたちの心休まる憩いの場としてだけではなく、大切な社交や商談をする場所としても使われた。上海では、最盛期で約千七百軒の「煙館」が営業していたという。


中国にはなぜ、それほど阿片が広まったのか――。

これまでずっと、私には不思議でならなかった。

阿片といえば、すぐに思い浮かぶのが阿片戦争である。戦争に勝ったイギリスが、清朝時代の中国へ阿片を大量に持ち込んだ。それが中国に広まったのは、清朝政府の役人たちが腐敗し、汚職も蔓延していたために、法的な規制が効かなかったからだ、と主張する人がいる。

だが、これだけではどうも説得力に欠けるような気がしてならない。腐敗や汚職なら、ほかの国にもうんざりするほどある。世界で中国だけに阿片が広まったのは、腐敗の程度が世界一ひどかったということなのだろうか。だいいちイギリスは中国人がそれまで吸ったこともない阿片をどうやって教え、習慣付けてしまったのか。中国人に受け入れられるような、なにか特別なことをしたのではないのだろうか。

阿片が広まった原因としては、もうひとつ説がある。阿片が中国人の性質に合っていたからだ、というものである。

中国人は、儒教思想によってなにごとにも忍従を強いられたため我慢強く、受身的な性質を備えている。そのうえ度重なる政変や天災、重税によって、食うや食わずの状態で疲弊しきってしまい、刹那的で逃避願望が強くなった。だからベッドに寝そべって煙を吸うだけで現実を忘れられ、夢幻の境地へ誘ってくれる阿片は、中国人の性質に合っているのだというのである。

だが、いくら逃避願望が強いといっても、中国人はそれほど従順で他人と同じ行動をとる民族だろうか。中国革命の父・孫文は、中国人の国民性をこう指摘している。「中国人は砂のようだ。手にとると、指の間からパラパラとこぼれ落ちてしまい、ちっともまとまらない」。「三人よれば三つの意見がある」とも言う。それだけ自己主張が強く、団体行動に適さない民族だという意味だろう。

それなのに阿片は大流行した。生活に疲れた庶民ばかりか、逃避願望などなさそうな皇帝の側近や富裕層、中間管理職まで、職種や身分を越えて幅広く行き渡っている。

振り返れば、中国の近代は阿片戦争という理不尽な外圧で幕を開けた。四隻の黒船が近代を告げた日本とは大きな違いだ。この欧米列強との出会いの差が、その後の両国がたどった道の隔たりであり、消すことのできない大きなしこりを残した原因にもなっているにちがいない。

阿片という「麻薬」によって、めちゃくちゃに引っかき回された国が、中国以外にあっただろうか？　一国まるごと〝阿片漬け〟にされた国は、中国だけなのだ。

もし、阿片漬けにならなかったら、今、中国はどんな国になっていたのだろうかと、つい考えてしまう。清朝はいつまでつづいただろう。孫文や蔣介石はどんな近代国家を築き上げただろう。毛沢東は中華人民共和国を成立させることができただろうか？

答えがないことは百も承知だが、中国の近代史を眺めたとき、あまりの受難の連続に目を見張り、途方にくれるほどだ。

ただ、忘れていけないのは、中国は阿片の一方的な被害者ではないということである。

阿片によって富を得た中国人も多かったし、時の権力者や活動家たちは、阿片を資金源として活動していたのだ。

阿片を根絶できたのは、中華人民共和国が誕生して間もなくのことだ。あの広大な中国大陸からほぼ完全に阿片が消えうせてしまったのだから、奇跡としかおもえない事態である。中国共産党は果たしてどんな手を使って阿片を消滅させたのだろう。

中国では今も、「毛沢東率いる中国共産党にして、初めて達成できた『偉業』である」と、自画自賛して止まないが、実際のところ、ほんとうに「偉業」だと呼べるような話だったのだろうか。

実は、阿片を中心にすえて、中国近代史を見直してみると、正史とは違った、もうひとつの中国史が浮かび上がってくる。

シャーロック・ホームズを真似るわけではないが、阿片の真相――中国にとって阿片とはなんだったのか――を解明するために、とりあえず昔の中国へ舞い戻って、そこからもう一度探ることにしよう。

第一章　ケシの到来

シルクロードを辿って

阿片は、はじめから「悪」の象徴であったのだろうか。そんなはずはないと、お人よしの私はつい、おもってしまう。

阿片のもとになるのは、植物のケシである。ケシが発見されたとき、人々はおそらく少女のような純真無垢で清楚なイメージを抱いたにちがいない。

ピンクや白、真紅や薄紫色など、色とりどりの花が長い茎の先に一輪だけ咲く姿は可憐で、風に吹かれてゆらりゆらりと揺れるさまは、誰でもつい手を差し伸べたくなるような危うさを秘めている。だからケシの花は観賞用として愛された。

スイスの紀元前四〇〇〇年頃の新石器時代の遺跡から発見されたケシの種を分析したら、半野生のものだと判明したほどだから、ケシは世界で最古の栽培植物のひとつにちがいない。やがて地中海東部のエジプトやギリシャに持ち込まれて栽培され、ケシの果実から採った阿片が薬として重用されるようになった。また祈禱師たちが呪術をほどこす際にも用いられた。燃やして煙をたて、文字通り人々を「煙に巻く」ためだったのだろう。もっとも当時の祈禱師は医者でもあったのだから、阿片は「病気払い」の呪術には効果があっただろう。紀元前一六〇〇年頃のことである。ということは、人類にとって、阿片ははじめ「薬」であったのである。

ケシの花が、シルクロードを辿って中国へやってきたのは、紀元七世紀頃のことである。中国の年号でいえば唐の時代に当たる。

ケシは中国で「罌粟《おうぞく》」と呼ばれた。「罌」とは古代の甕《かめ》のことで、口が小さく胴体がふくらんだ嚢《のう》（実）は、徳利のような形状をしている。「粟」とは穀物の粟《あわ》を指し、粟のように細かいケシの種が徳利のなかにびっしり詰まっている植物である、という意味だ。

ラクダの背に揺られて、西域からはるかな道のりを運ばれてきた品々は、ペルシャの絨毯、宝石、インドの香料、サイ、象、馬などが中心だったが、その他にブドウやクルミ、ざくろ、キュウリ、それにケシなどの種子類もあった。

唐の首都である長安は、現在の西安である。当時は栄華を極めていた国際都市だった。街にはペルシャ人やインド人、アラビア人を総称する「胡人」が闊歩し、隣の都市・洛陽と合わせて、多いときには一万人も外国人が住み着いていたという。

長安に住んでいた外国人には職業の上で特性があった。インド人は仏教の伝道をおこない、ペルシャ人は宝石やビロード、絨毯を売る店を開いて、もっぱら商売に精を出した。騎馬や武術に優れたウイグル族は、政府の武官として取り立てられて重用された。学問に秀でていた日本人は文官に取り立てられ、なかには阿倍仲麻呂のように高級官僚になった者もいた。二〇〇四年に西安市で発見された遣唐使の墓誌には、三十六歳で亡くなった「井真成」という（中国？）名の日本人留学生を悼む碑文が刻まれていたが、彼は阿倍仲麻呂と同期留学だったともいう。

長安の街には世界の食べ物や絵画、歌舞音曲などが流行した。アラビアの歌姫が薄布を身にまとい、激しく腰を振る踊りは人々の目を見張らせ、歌舞を売り物にする料理店は文人たちの憧れの場所になったようだ。詩人の李白は、こんな詩を残している。

少年行
五陵年少金市東　（五陵の年少　金市《きんし》の東）
銀鞍白馬度春風　（銀鞍白馬　春風を度《わた》る）

落花踏尽游何処　（落花を踏みつくして何処にか遊ぶ）
笑入胡姫酒肆中　（笑って入る　胡姫《こき》の酒肆《しゅし》の中に）
（五陵の少年たちが、金市の東の盛り場で、銀の鞍をおいた白馬にまたがり、春風の中を通りすぎてゆく。落花をふみにじり、思いきり馬をかけまわしたあげく、どこへ洒落込もうとするのか。外国人の女がいとなむ酒場の中へ、笑いながら入ってゆく）

異国情緒あふれる街角で、漢人の女性たちは競って「胡人」の女性の化粧を真似し、男たちは「胡人」の音曲を学ぶ風潮が流行ったともいう。

下から二番目の花

唐時代に、阿片そのものが輸入されたという証拠はない。わずかにペルシャの書籍の漢訳本に記述が散見されるのみである。ただしケシの花は珍重された。おそらく当初は皇帝や貴族の邸の花壇でのみ大切に栽培されたにちがいない。

七三九年、陳蔵器という人が書いた『本草拾遺』には、次のような一文が出てくる。

嵩陽子の曰く　ケシの花には四葉、紅白ありて、上部は薄いピンク色なり。その嚢の形は鏑矢《かぶらや》の如く、中に細米あり。

ケシの花を見た人から話を聞いて、書き残したものである。特権階級の人たち以外、まだ見たこともない珍種だから、伝聞でも記録する価値があったと解釈すべきだろう。

文宗時代（八二七〜八四〇年）に、ケシの花を栽培したのは郭橐駝《かくたくだ》である。彼は『種樹書』に、「鶯粟《おうぞく》（ケシのこと）は九月ごろ（旧暦）の夜に植えれば、花は必ず大きくなり、嚢には必ず種が満ちる」とケシの栽培方法を書き残している。

その頃は、詩歌が全盛の時代でもあった。

風雅を好む詩人たちにとって、異国の花は詩的イメージを掻き立たせ、格好の題材となった。ケシの花について詠んだ詩は沢山残っているが、中でもよく知られたものに、雍陶《ようとう》の七言絶句『西帰出斜谷』がある。

行過険桟出褒斜　（険桟を行き過ぎて　褒斜を出ず）

出尽平川似到家　（平川を出で尽くせば　家に到るに似たり）
無限客愁今日散　（無限の客愁　今日散ず）
馬頭初見米囊花　（馬頭　初めて見る米囊花）

「鶯粟」も「米囊花」も、ケシの別名である。粟や米のような細かい種子が、囊の中にぎっしり詰まっていることから名付けられたのだろう。

宋王朝（十世紀〜十三世紀）の時代には、ケシの栽培が全国に行きわたり、一般の人々の間でもさかんに栽培されるようになった。

蘇頌が編纂した『本草図経』には、こんな描写がある。

ケシは、旧き出でし所の州土を著《と》わず、今は処々に之あり、人家の園庭中に多く蒔き以って飾となす。花は紅白の両種あり、微かに腥気《せいき》（なまぐささ）あり、その実は瓶をなし、鏑矢に似て、中に米の極細あり、植えるに甚だ難なり。

つまり、ケシの花は異国のものではあるけれど、今は至るところにあり、家の庭先に沢山植えると見栄えがする。花には赤と白の二色があり、匂いはかすかに生臭く、花後にできる嚢は徳利のように膨らんで、鏑矢（球状で音がでる鏑のついた矢）にも似ているというのだ。

だが、庶民に親しまれるようになる半面、目新しさが薄れたケシの花は、人気のうえでランクが下がったことも事実だった。

中国では伝統的に、花にはそれぞれ「品位」や「等級」といったランクが定められている。牡丹や菊など花びらの枚数が多く、大輪の花を咲かせるものが貴重だとされ、長年にわたって盛大な展示会や品評会が催されてきた歴史もある。

とりわけ、花の「王者」の栄誉をほしいままにしているのは、牡丹の花だ。

『牡丹栄辱誌』は、牡丹だけについて書かれた植物誌だが、例えば、「姚黄」は「王」で「魏王」は「妃」という別格扱いの最高級品であり、その下に「九嬪《ひん》」「世婦《せいふ》」「御妻」といった後宮にも用いられる名称がランクとしてあり、「花師傅」「花形史」「花命婦」「花嬖倖《へいこう》」とつづく。さらに「花近属」「花疏属」「花戚里」があり、最も低いランクは「花外屏」という。

私には牡丹の銘柄がさっぱりわからないので、どんな特徴や違いがあるのかも知らないが、高級銘柄ほど名前も凝っていて、風格が感じられるし、ランクが下になるほど、俗っぽい漢字を当てられて、粗末な気がしてしまう。日本でも菊の花に拘る趣味人は少なくないが、ここまで花に拘る中国人の執着心とは、いったいどこから生じてくるのだろうと、畏怖の気持ちすらわいてくる。

さて、ケシの花は、果たしてどのランクに属したのだろう。なんと下から二番目の「花戚里」に属するようである。要するに、粗末な花のひとつに数えられていたわけだ。

不美人の代名詞

宋代に出た花の専門書『花経』を見ると、ランクが低いどころか、もっとひどい扱いを受けている。

ケシの花は「七品三命」である。

「品」とは、旧時、正一品から従九品まで、十八階級に分かれた官吏の職位をあらわし、

「七品堂官」といえば、地方の「知県」（市郡の下部単位の県知事）を指す。早い話が「下っ端役人」ということだ。「命」とはもって生まれた天命のことで、「三命」は「どうでもよい命」を授かっているという意味だから、さしずめ「下っ端の花」とか「ゲスな花」とでも呼ぶべき蔑まれ方なのである。さらにひどいことに、不美人の代名詞として「ケシの花」と呼ぶ風潮があったというから、あんまりだ。

後の明代に入っても、ぞんざいな扱われ方はそのまままつづき、袁宏道が記した『瓶《へい》史《し》』の中には、「芍薬は罌粟、蜀粟を以って婢とす」などと書いている。

季節からいって、ちょうど芍薬の花が萎れる頃に咲き始めるケシの花は、まるで姫君の後をついて歩く下女のようだというのである。これではケシの花がかわいそうになってしまう。

結局のところ、中国で珍重される花は芍薬や牡丹、菊など、多弁で大輪の艶やかな花ばかりである。中国人は花に対しても、派手好きなのだろう。

ケシの花は中国人の基準からすると、いかにも見劣りがする。ヨーロッパ的な淡いパステルカラーや落ち着いた色調など物足りなく映っただろうし、花びらが四枚しかないのも気に入らなかったのだろう。これが日本なら評価もちがっていただろうが、もし

「淡い」「消え入るような美しさ」「楚々とした風情」が良いなどと言ったら、中国ではもっと理解に苦しむかもしれない。

漢方の国の薬用メニュー

観賞用の花としては悲惨な扱いを受けたケシの花であったが、幸いにも、別の長所が発見された。食用、薬用としての効果である。

地中海地方の国々では、すでに薬用効果が知れわたっていた上に、中国は漢方薬の国でもあったから、薬効がすぐに認められて、広く受け入れられた。

ケシの種や茎を食用にする習慣は、宋代から始まった。漢方薬として、健康維持と精力増進のために役立つとされた、当時のメニューをご紹介しよう。

ケシ粥……ケシの嚢の中に入っている小さな種子は、胃腸の鎮痛作用や食欲不振に効果がある。「竹瀝《ちくれき》」とともに煮て、粥状にして食べる。「竹瀝」とは、漢方薬の一種で、生竹を熱して炙ってから絞りとった油のことである。咳止めや解熱剤として用いられている。

蜂蜜入りジュース……ケシの種をすりつぶして乳状にし、「佛粥」をつくる。老人の気力の衰え、食欲不振、消化不良などによい。煎じて蜂蜜を入れれば飲みやすく、胃腸を整え肺にもよい。ケシの種を煮て蜂蜜を加えるのは、地中海の国々で普及している食べ方であったらしい。「佛粥」とは、もともと僧侶たちが食べたことに由来する名称である。

茎の炒め物……ケシの柔らかい茎の部分を食べやすい長さに切り、野菜として炒め物にする。美味で食欲が増すという。ニラの芽の炒め物を想像したら、当たらずといえども、遠からず、というところだろう。

ケシ餅……ケシの種をよく洗った後に、細かいゴミを取り去り、鍋で煮る。それを小さい袋で濾した後、乳状になったものを絞って固める。さらに酒をかけて蒸し、冷やしてからスライスして魚のうろこ状にする。

最後の「ケシ餅」は、魚のうろこ状にスライスすることで、漢方薬として応用しやすくしたのである。やがて「魚餅」とも呼ばれて、宋、元、明代には、他の薬草と調合して各種の薬を作り出す薬材として多用されるようになる。有名なものとしては「金丹」

があるが、北京の町で売られていた貴重品であった。薬効は下痢止め、腹痛、咳止め、乳児の夜泣き、老人の滋養薬に用いられたほか、強壮剤としても広く知られるようになった。

李時珍は知らなかった⁉

明代の一五九三年、李時珍が記した『本草綱目』が世に出た。この本は漢方薬の集大成として、今でも右に出るものがないほど充実した一冊である。

李時珍はもともと医者だったが、三十五歳頃から全国各地を歩きまわって、薬草を集め、民間療法を収集する一方、八百種類もの既存の漢方薬書を検証して、およそこの世に存在するほとんどすべての物質を、漢方薬という観点から整理・分類したのである。作業は膨大な時間を要し、二十七年の歳月をかけて『本草綱目』はできあがった。李時珍は生涯をこの一冊に注ぎこんだのである。出版後は、フランス語、ドイツ語、ベトナム語、日本語などに翻訳されているが、現代でもこれに勝るものはなく、まさに偉大な漢方薬の百科全書だといってよい。

『本草綱目』には、無論、ケシについても記載がある。

米嚢子（開宝）、御米（同上）、像穀［時珍曰］其実状如罌子、其米如粟。乃像乎穀、而可以供御、故有諸名

解説すれば、「（漢方薬書の）『開宝本草』には米嚢子、御米とあり、穀に似ている（と記されている）。［李時珍曰く］その実は罌（徳利のような形の甕）のようで、種は粟のようだ。穀類に似ていることから供物にすることができ、いくつも名前が付いた」という意味だ。

また、ケシを「米」（種）、「殻」（果実の皮）、「嫩苗《どんみょう》」（柔らかい茎）の部分ごとに、詳しく薬効を記している。

米……丹石の毒による食欲不振の場合、粥にして食すとよい。風邪を治し、熱を下げ、吐き気、胸やけを治す。下痢を治し、体内を潤す。

殻……下痢を止め、脱肛を固くし、夢精、長期の咳を治し、肺と腸を整える。心腹筋骨のもろもろの痛みを止める。

嫩苗…野菜として食せば、熱をとり乾燥を防ぎ、食欲がわく。

すでに料理のメニューとして前述したものと重なる部分もあるが、李時珍の場合、以前のものに比べて、薬効の範囲をさらに拡大し、確立した点に価値がある。

おっと、ちょっと待って！　ここで見過ごせない事実を発見してしまった。『本草綱目』には、「ケシ」という項目のすぐ後に、なんと「阿芙蓉《あふよう》」という項目がつづいているではないか。「阿芙蓉」とは、「阿片」のことである。なぜ、分けて書いたのだろうか。そこにはこう説明がある。

阿芙蓉――阿片、俗に鴉片。阿芙蓉は前代までは聞いたことがなく、最近になって用いた者によれば、ケシの花の液汁なのだという。……『王氏医林集要』によれば、天方国（アラビア）ではケシの花を植え……七、八月に花が散った後に、青皮を刺して採取するという。この花は五月に実が枯れた後に、七、八月にまだ青皮があるのだろうか？　あるいは種類が違うのではないか？

なんだか、ちょっぴり頼りない文末の書き方である。

ひょっとして李時珍は、「阿芙蓉」つまり「阿片」がどんなものなのか、まだ見たことがなかったのではないのだろうか。見たことがないから、採取の方法を知らず、変な疑問文で終わっているのではないだろうか。もし見たことがあるなら、ケシの項目との関連性も指摘したはずだが、そうした記載はない。

ということは、李時珍が生きていた十六世紀の明代には、まだ阿片は中国に流入していなかったか、あったとしてもごく少量だったということになるのではないだろうか？

第二章　尼さんの阿片

偶然吸ってしまったら……

中国で初めて阿片を吸ったのは、どこの、だれだろう。
それは広東の尼僧です――。
という言い伝えが残っている。こんなお話である。

清朝時代の乾隆《けんりゅう》帝の頃、広東省に富豪の妻がいた。彼女は年若くして夫を亡くし、出家して尼僧になり、実家近くに庵を建てて住んだ。数十年の歳月がたち、尼僧は年老いて中風にかかり、両足が痺れて立ち上がれなくなった。実家の人たちが不憫がり、色々な楽しみを彼女に教えた。親族には金持ちが多かったので、贈り物をする者も多かった。その中に一人、広東の国際貿易商である「十三行」の豪商がいて、取引先の西洋人から手に入れた珍品――竹製の火かき棒、香水一瓶、ダンスホールで使うランプ、ガラス容器に入った鎮痛剤の阿片の練り薬――を贈った。
それからというもの、毎夜寝る前に、蚊帳の中で香水をふりかけランプを点した。

ある時、竹棒の先に阿片の練り薬を載せて、気まぐれに火の上にかざしてみた。すると大きな泡がブクブク出てきたので面白くなり、時々遊ぶようになった。

またある日、阿片を容器ごと炙っているとき、竹棒を容器の中に入れたままこねくり回していると、竹棒に穴が開いた。穴に詰まった阿片から煙が出てきて、よい匂いがした。そこで竹棒に口をつけて吸いこむと、気持ちがよくなった。吸い終って体を動かすと、不自由だった足がしゃんとしたような気がしたので、起き上がってみると立つことができた。まるで中風が治ったような爽快な気分だった。だが翌朝になると、足はまた動かなくなった。それでまた阿片を吸ってみた。すると足はまたしゃんとして歩くことが出来たので、毎日吸うようになった。

歩き回る彼女を見た親戚が驚いてわけを訊ね、試しに喘息持ちや肝臓病の者、胃腸の悪い者たちも阿片を吸ってみたところ、皆たちどころに治ってしまった。こうして阿片の効果が世間に広まった……。

と、まあ、笑い話のような伝説なのだが、実は、あながち笑ってばかりもいられないのである。というのも、清朝の第六代皇帝であった乾隆帝が統治したのは一七三五年から一七九五年のことで、中国沿岸部の広東省や福建省にはもう阿片が台湾経由で流入していたが、これは台湾で流行っていた土着的な喫煙方法で、タバコやビンロウジュの葉と混ぜて吸う方法だった。これについてはまたご紹介するとして、いずれ中国で爆発的に広まる喫煙手法——阿片を火で炙り、出てきた煙をキセルで吸う——というアイデアはまだ伝わっていない時期なのである。だから広東の尼さんが阿片の煙を竹棒で吸ったのは、ほんとうに〝近代式〟喫煙手法の「第一号」だったのかもしれない。

伝説にはもうひとつ、「元のフビライの導入説」というのもある。

紀元十三世紀頃の元王朝の時代に、皇帝だった世祖フビライがインドへ遠征し、阿片を持ち帰ったという言い伝えである。この説でいくと、阿片の流入期は元代(一二七九〜一三六八年)だということになるのだが、こちらもどうも怪しい。

前章でご紹介したように、十六世紀の明代に『本草綱目』を記した漢方薬の大家、李時珍ですら、まだ阿片を見たことがなかった節がある。またインドでは、阿片をお茶などの飲み物に混ぜて飲んだり、そのまま食べたりしていただけで、阿片を喫煙するという習慣はなかったのである。もしもフビライが持ち帰ったとしても、それはインド土着の摂取方法であったにちがいない。これは阿片戦争を引き起こしたイギリスがもたらした阿片とは、本来的に異なるものなのである。

歴代王朝の宿願

十三世紀の元代は、歴史的なビッグ・トピックスがあり、注目に値する。『東方見聞録』を後に残すことになるマルコ・ポーロが、中国へやって来たのである。ちょっと横道にそれるが、阿片とも関連が深いことなのでご紹介しておこう。

一二五四年にヴェニス（ベネツィア）で生まれたマルコ・ポーロは、貿易商だった父親に従って、一二七〇年に生まれ故郷を旅立った。十六歳だった。シルクロードを経て中国へたどり着いたとき、中国を支配していたのは元王朝であった。マルコ・ポーロは皇帝フビライ・カーンに拝謁し、若くて利発な「色目人」として大いに気に入られ、召し抱えられることになった。それ以後、十七年の歳月を元王朝のもとで過ごした。

『東方見聞録』は、彼が二十六年にわたってユーラシア大陸を旅して帰国後、ジェノア（ジェノバ）との闘いに参戦して捕虜になり、牢獄で知り合った物語作家のルスティケロに話したことが元になっている。

マルコが旅した十三世紀には、中国の国内の旅行といえば船旅であった。

中国の代表的な河川に長江と黄河がある。長江は全長六千三百キロメートル。青海省南西部を水源として、雲南、四川を経て、三峡の峻険を貫き、江蘇省の河口部から東シナ海へそそぐ。黄河は、同じ青海省中部にはじまり、いったん北流して山西省から南下し、河南、山東両省を経て渤海にそそぐ、全長五千四百キロメートルの河である。

中国語では、長江と黄河をまとめて「江河」と呼んで、中国の代表的な大河を言い表すことがある。水運は、貨物の大量輸送や人の往来に重要な役割を果たして来た。

だが残念なことに、長江も黄河も、広大な中国を東西に結ぶ河であって、南北を結ぶ河川は存在しない。それが歴代の王朝にとって、常に懸案事項であった。

南北に通じる運河があれば、戦に勝つことができる――。

呉国の王であった夫差は、そう考えたにちがいない。

明や清の時代よりはるか昔の春秋時代、紀元前四八六年のことである。呉国の北にある斉の国を攻め落とすには、軍隊を迅速に移動し、大量の物資を一度に運ぶ手段が必要だ。それには運河である。夫差は、もともと水郷地帯にあった細い水路を繋げて拡張すると、船で大量の武器と物資を運んで敵の意表を突き、首尾よく所期の目的を果たした。

とき移り、六世紀になると、隋王朝の二代目の皇帝である煬帝が、今度は経済成長のために百万人を使役して運河を築き、水路を拡充した。これが現在の京杭大運河の基礎となった。その後、歴代王朝はみな運河の拡張工事に力を注ぎつづけてきた。

現在の運河は北京から黄河、淮河《わいが》、長江を横切り、浙江省の杭州までつづく大動脈の「京杭大運河」と、天津から通州へつながる脇道の運河を合わせて、全長は千七百九十四キロメートルに達している。

マルコ・ポーロの見た「塩の道」

再びマルコ・ポーロに戻ろう。

元王朝に召抱えられたマルコ・ポーロが中国で旅行したなかに、大運河を北から南へ辿った船旅があった。元王朝の首都・大都（現在の北京）から南に約百三十キロ離れた河北省河間県で乗船し、大運河を南下しながら各地に寄港して視察を行い、南方の福建省まで下る長旅であった。

その旅の前半部分、つまり、河北省の河間県から滄州―徳州―済寧―徐州―淮安―揚州―鎮江―常州と船を乗り継ぎ、長江河口部にある上海にいたるまでの運河流域は、製塩業を生業とすることで名高い水郷地帯である。

水郷地帯で生産された塩は、網の目のように広がる水路を伝って大運河に集まり、揚州へ運ばれ、そこで大規模な塩の取引が行われる。取引が成立すると、さらに船で全国各地へと輸送されていくのである。

揚州は、今では全盛期のような華やかさはないが、歴史のある都市として知られている。マルコ・ポーロも『東方見聞録』の中で、次のように語っている。


ヤンジュー（揚州）市はとても立派な大都市であると同時に、とても重要な町であって、管下に二十七都市を帯領するが、そのいずれもがこれまた商業の繁昌する殷富な大都市なのである。（フビライ）カーンの重臣十二名が天下を分画統治することになっていて、その統治区画の一がこのヤンジュー市を首府とするから、ここに十二重臣の一人が駐在しているのである……当地では歩兵・騎兵用の軍装品が多量に製造されているので、住民の生業もおのずから商業・手工業が主となっている。それというのも、ヤンジュー市ならびに周辺地方一帯には、大部隊の軍隊が常に駐屯しているからにほかならない。

（『東方見聞録』2、愛宕松男訳注、平凡社）

元代の揚州は、塩取引の一大集散地であるばかりでなく、重要な軍事都市でもあったのである。

実は、マルコ・ポーロも、この揚州で三年間、官吏として勤務した経験がある。残念ながら、どのような役職にあったのかは記録にないが、皇帝フビライのお気に入りだったマルコであるから、高位の長官になったか、経済担当の最高責任者として、それ相応の力量を発揮したのかもしれない。

マルコ・ポーロ以後も、揚州における塩の取引は充実度を増していった。

王朝が変るたびに大運河の拡張整備が進んだことと、水郷地帯の塩の生産に拍車がかかったために、揚州に運び込まれる塩の量が急増したのである。船積みのための港が整備され、全国へと塩を運ぶための系統だった「塩の道」が形作られた。

塩は、国家の豊かな財源となり、元代、明代、清代を通じて、経済繁栄をもたらす元になった。清朝時代の康煕《こうき》～乾隆年間には、塩の税収が国家財源の四分の一を占めるほど重要になった。

だが、良いことばかりはつづかない。

阿片戦争以後、イギリスが合法的に大量の阿片を中国へ持ち込んでくると、系統だった「塩の道」は、そのまま阿片を内陸部や全国各地へ運ぶための、格好の大量輸送ルートとして利用され、「阿片の道」へと取って代わったのである。

これは致命的な災いをもたらす結果となった。

系統だった水運交通は、あたかも人間の体をめぐる血管のようなものである。もしも毒を一滴でも血管に注入すれば、毒は瞬時に体の隅々まで巡ってしまう。阿片は水運という血管を通って、中国の体の隅々までやすやすと行き着くことができたのである。広大な中国であるにも拘らず、全国津々浦々まで阿片が運びこまれ、阿片中毒患者を急増させた元凶は、皮肉にも、中国が誇るべき素晴らしい水運の輸送ルートだったのである。

さて、元代を過ぎて明代（一三六八〜一六四四）になると、少量ながら雲南省で阿片が生産されるようになった。一六〇二年、雲南省で役人をしていた謝肇淛《しゃちょうせい》は、雲南省の風俗を『滇略《てんりゃく》』にまとめたが、その中で阿片の作り方について言及している。

哈芙蓉《ハフヨウ》は異国の産だが、哈芙蓉の汁と草烏《そうう》を混ぜて、絞ったものが阿片である。

「草烏」とは、猛毒で知られるトリカブトの属種のことである。トリカブトはキンポウゲ科の多年草で、一メートルほどに生長し、鳳凰のような紫碧色の美しい花を多数咲かせる。塊根を干したものを「草烏」とか「附子《ぶし》」といい、ここに猛毒があるが、漢方薬の薬剤になる。

もっとも、この作り方だと純粋な阿片とは少し違うようだ。すでに薬用として欠かせなくなった純粋阿片は、まだ海外からの輸入に頼るほかはなかった。

純粋阿片を最初に中国へ持って来たのは、ポルトガル人であった。一五一四年のことである。交易が始まったのは三年後の一五一七年で、ポルトガルが最初に売った阿片は、年間で僅か百箱から二百箱であった。

「その値は千金に等しい」というほど高価であったから、明王朝の皇帝や貴族、裕福な人々の間で、貴重な輸入薬として用いられた。一五八九年に明王朝は、阿片に対する輸入税額を「十斤につき銀二銭」と決めている。その後輸入量が増えるにつれて、一六一五年には「十斤につき銀一銭七分二釐《りん》」と税額を下げたが、まだ一般の人々にとっては高嶺の花だった。

大航海時代で迫る列強

ここで少し、外の世界に目を転じてみよう。

十五世紀から十七世紀前半にかけて、世界は「大航海時代」に突入した。ポルトガル、スペイン、オランダ、フランス、イギリスなど、ヨーロッパ諸国はアジアの国々へと植民地を求めてやってきたのである。

一四九二年、イタリア人のコロンブスはスペインの援助で、アジアへ向かって船出したが、偶然にもアメリカ大陸を発見したのは、あまりにも有名な話だろう。

ポルトガル人のヴァスコ・ダ・ガマは、ポルトガル国王の命令を受けて、一四九七年にリスボンを出航して喜望峰を回航し、一四九八年にインドのカリカットに到達した。

同じくポルトガル人のマゼランは、スペイン国王に世界周航を献策して船団を整え、南米マゼラン海峡を発見した後、太平洋を航海して、一五二一年、フィリピン諸島へ到達した。ポルトガルは、インドに植民地を築いて東方貿易の先陣を切った。

インドで阿片が薬や嗜好品として使われているのを発見したポルトガル人は、当初、阿片をインドの有力商品としてヨーロッパへ持ち帰っていたが、やがてマカオへも寄航するようになると、中国と正式に交易を開始して、取引商品のひとつにした。

次にインドに乗り込んだのはイギリスとオランダだった。イギリスは一六〇〇年、オランダは一六〇二年にそれぞれ「東インド会社」を設立した。オランダはさらにインドネシアを植民地にした。インドネシアで生産される香料が欲しかったからである。

オランダ人は、インドネシアではインドのように阿片をそのまま食べたり、飲み物に混ぜて飲んだりするのではなく、刻んだビンロウジュの葉に混ぜて、火をつけて燃やして煙を吸う習慣があることを発見した。

やがて、オランダも中国の広東省沿岸部まで足を伸ばし、中国に交易を求める一方、一六二四年に台湾島を占領した。もっとも、オランダが台湾を統治した期間は長くない。一六六二年には住民の抵抗運動に遭って撤退することになるのだが、その間に台湾へインドネシアの阿片喫煙の習慣をもたらしたと想像される。

中国大陸では一六四四年、明王朝から清王朝へと交代した。

清代の一七二一年、台湾を巡察した黄叔璥《こうしゅくけい》は、著書『台海使槎録』の中で、「阿片土は咬嚁吧より出る」と書いている。

もう一人、乾隆年間に台湾へ赴任した朱仕玠《しゅしかい》も、一七六五年に記した『小琉球漫誌』に、「阿片は外洋の咬嚁吧、ルソン諸国より出て、海を渡るに禁物となす」と記した。

どちらにも出てくる「咬嚁吧」とは、インドネシアのジャカルタを指し、ルソンはフィリピン諸島のあたりを指している。ということは、一七〇〇年代の台湾には、すでに阿片喫煙の風習が定着していたらしい。

この時代の台湾の阿片は、俗に「粗阿片」と呼ばれ、純粋の阿片にアラビカの葉を焼いて混ぜたものだ。喫煙するときには、一旦水に溶かして煮出してペースト状にした後に、刻んだタバコやビンロウジュの葉と混ぜて、一緒に吸うのである。

タバコはすでにヨーロッパ人たちが持ち込んでいた。

南米産のタバコは十六世紀半ばにヨーロッパに入っていたが、それがアジアへ伝わり、広東、福建を窓口として、中国でも広まり人気を呼んでいた。

もっとも、阿片をタバコやビンロウジュの葉と混ぜて吸う方法は、後に中国で蔓延するような阿片の吸い方と、根本的に異なり、土着の方法だといってよいだろう。だいいち、ずいぶん手間のかかる吸い方である。このままのスタイルでは、商品としては普及しにくいのではないか。とはいえ、台湾とは狭い海峡を隔てただけの福建省では、頻繁に往来する漁民たちによって、台湾スタイルの阿片の喫煙方法が伝わっていった。

一七二二年、台湾で発生した反乱を鎮めるために、清朝皇帝の命を受けて出征した藍鼎元は、こう述べている。

「阿片煙がどこから来たのか不明だが、銅鍋で熱しタバコの葉に混ぜ、短い棍棒のような煙筒で、無頼の群れが集まって飲み、風俗と化している。喫煙するときには蜂蜜製品や果物を十数皿も置き、後から来るものを誘う。初めて飲むときは無料だが、久しくすれば自己を忘れ、家は傾くも喫煙に赴く。徹夜ももののともせず、淫欲を助ける。始めは楽しく、後には救いがたい。吸い浸りになれば、面皮は縮こまり、歯茎が露呈し、屍のように放心状態になり、また吸うことで安らぐ。しかし三年後には、死なない者はいない。これは島を占領した狡猾な夷人たちが、唐人の財産や生命を脅かすためのものである。愚か者は悟らず、中国に伝わってすでに十余年になり、アモイに多くみられ、台湾には甚だしい。まことに悲しむべきことなり」

阿片には強い習慣性があり、やめると禁断症状が出て、死にいたるものだということは、目撃した人には分かっていたのである。

だが、中国南部の沿岸地方の人々は、台湾から入ったばかりの阿片の喫煙に目を奪われ、陶酔して、病み付きになってしまった。

それとは別ルートで、イギリスが中国へ阿片を運んでくるのは、間もなくのことだ。イギリスがもたらした阿片は、台湾やインドの土着手法とはまるでちがうものだった。それはあきらかに「商品」となった阿片であり、阿片が「薬」であった時代から、贅沢な「嗜好品」へと移り変わる、まさにその瞬間であった。

第三章　「新商品」に生まれ変わった阿片

丁重なもてなしの必需品

清朝の前半期まで、国家財政の四分の一を賄う塩取引の一大集散地であった揚州では、経済が繁栄し、贅沢な生活習慣や文化が生まれた。揚州名物である、小皿料理の点心と銘茶、淡白で上品な揚州料理と上等な酒。日本では「上海風呂」として知られる風呂文化は揚州が発祥地である。

そして「園林」とよばれる庭園文化。塩商人たちの豊かな暮らしぶりは桁はずれで清朝皇帝も驚くほどのものだったが、とくに優れていたのが、庭園であった。中国の古典小説『紅楼夢』に登場する「大観園」は揚州の庭園がモデルになっている。作者の曹雪《そうせっ》芹《きん》の五代前の先祖が、塩取引の監督官庁の高級官僚で、祖父の曹寅も織造署（織物製造の監督官庁）の高官として揚州に大豪邸を築いていたので、曹雪芹も幼いときから見聞きしていたにちがいない。

清朝時代に、揚州を旅した惺庵居士という人がいる。彼が綴った旅行記『望江南』には、こんな一節が残っている。

揚州好、茶社客堪邀。加料干絲堆細縷、熟銅煙袋臥長苗、焼酒水晶肴（揚州はすばらしいところだ。茶館に客があふれ、名物料理の干し豆腐の千切り炒めを山盛りにし、長椅子に寝そべって銅のキセルで煙を吸い、燗酒とうまい肴もある）

点心と銘茶、名物料理に上等な酒。揚州の活況はすべて塩によってもたらされたものである。そしてこの旅行記に記された「煙」は、タバコではなく阿片の煙である。舶来の高級嗜好品である阿片は、贅沢な人々にはもはや欠かすことの出来ないものになったのだ。

阿片は宝石にも匹敵するほど高価であった。

道光年間（一八二〇〜一八五〇年）の初め頃には、

「阿片の価格は銀の四倍する」

と記録に残っている。

はじめは宮廷の女性たちや皇帝の側近が楽しみ、次いで高級官僚や上級役人、軍隊の上層部、豪商たちの間に広まった。パーティーや宴会、商談、その他さまざまな社交の場で用いられ、接待する側は、まず客に阿片を一、二服してもらうのが、丁重なもてなしだとみなされた。

だが、中国の上流階級が、宝石のように貴重な阿片を吸って夢見心地になり、「桃源郷」をさ迷っている間にも、地球の反対側では、来るべき阿片の大量消費の時代に備えて、着々と準備が進められていたのである。

技術革新が支えた紅茶ブーム

地球上の時間は、いつでも平等に進んでいる。

大航海時代のヨーロッパ諸国が、「生産と消費」に目覚め、アジアの珍しい商品に関心を抱いて、ぞくぞくとインドへやってきたことはすでに書いた。

彼等は「東インド会社」を設立して東方貿易に着手した。中国には茶、絹製品、陶磁器など、魅力的な商品がどっさりあったので、買いあさった。購入代金は、南米からヨーロッパへ運ばれた銀で支払った。日本の銀でも支払った。

十七世紀前半頃、日本の銀は最高級品であるにも拘らず、価格は南米産のわずか四分の一であった。ヨーロッパ諸国は日本で銀を買い、その銀で中国の生産品を買った。この時期の大量流出に加え、国内での銀産出量も大幅に減少したため、あわてて、貿易高を制限しなければならなくなったほどだった。

ヨーロッパ諸国にとって、中国から買いたい商品は無数にあったが、中国へ売る品はウールや綿製品程度のものだった。買う一方の取引では、すぐに貿易収支が赤字になってしまう。

どうしたら貿易バランスをうまく取れるだろう――。

ヨーロッパ諸国は、ひどく頭を悩ませた。

特にイギリスの悩みは深かった。十八世紀以降、紅茶を飲むことが大流行し、もはや文化の一部になるほどの浸透ぶりであったから、中国産の上質の紅茶は是が非でも入手したい商品だったのである。


ちなみに、イギリス人がはじめて飲んだ中国茶は紅茶ではなくて、福建産の武夷茶である。武夷茶は武夷岩茶ともいい、福建省の東北部に位置する武夷山で生産される。ウーロン茶の一種で「青茶」とも呼ばれる半発酵茶だ。独特の芳醇な香りと濃厚な味わいが特徴で、飲んだ後は頭の芯までスッキリするほどの清涼感に包まれる。

もっとも、一六〇七年、オランダの「東インド会社」が最初にマカオからヨーロッパへ持ち帰った茶は、中国茶ではなくて日本の緑茶であった。残念ながら、緑茶はヨーロッパ人の嗜好に合わなかったらしく、中国の武夷茶に切り替えたところ爆発的な人気を呼んだ。そして次第に完全発酵の紅茶が好まれるようになった。

イギリスとオランダの上流階級は、パーティーで紅茶を飲むことを高貴な儀式だとみなすようになった。一七四四年、イギリスで一年間に消費する茶葉は、ついに二百万ポンドにも達した。

ついでに、ざっとインド茶の来歴を記しておこう。茶はもともとインドにはなく、一七八〇年、東インド会社が広東、福建の工夫茶の苗をインドへ持ちこんで植え、試行錯誤を繰り返した。そして一八三五年、二百株の茶苗を中国からインドへ運んでアッサム地方に植樹し、本格的な紅茶の生産がはじまった。

紅茶の生産を側面から支えたのは、イギリスの技術革新だった。一八七四年にイギリス人のW・S・ライルが第一号の茶揉み機を発明し、二年後にはジョージ・レイドが茶葉を粉砕する機械を発明した。これによって機械化による紅茶の生産が始まったのである。

一言でいうならば、インドにおける紅茶の生産とは、産業革命によって出現した消費社会を支えるために、積極的に機械を導入した「大量生産方式」時代の幕開けだったと言ってよいだろう。

そしてインドにおけるイギリスの阿片生産も、産業革命のひとつの成果だったと言えるのである。それをこれから御覧いただこう。

イギリスは、茶を中国から買い過ぎて大幅な貿易赤字を抱え込み、困り果てていた。イギリスにはウールや綿製品以外、中国へ売るためのめぼしい商品がない。だが、インドの植民地のほうには、なにかないだろうか?

イギリスが作った植民地は、インド北東部のガンジス川下流のベンガル地方にある。地味豊かなこの一帯はインド有数の農業地域で、ムガール帝国の一部をなすベンガル太守支配の時代から、いくつもアジアへ輸出できる商品があった。とりわけ特産の阿片は有力な輸出商品だった。イギリスは阿片に目をつけた。

中国の絹や陶磁器、紅茶をイギリスへ運び、イギリス産の綿製品をインドへ運ぶ。インドから中国へは、阿片を送り込めばよい。「三角貿易」のはじまりである。

専売制に救われたインド

イギリスは阿片の生産に本腰を入れはじめた。

当初、農家との間で請負生産方式を試みたが、収入のほとんどを植民地政府のイギリス人スタッフがポケットにいれ、植民地経営の財政に大きな穴をあけた。イギリス政府は人心一新のために、ウォーレン・ヘイスティングスを初代総督に据えた。ヘイスティングスは汚職を一掃し、植民地政府の財源を確保するために、阿片を専売制にすることに決めた。

彼は専売制の正当性を、こう主張した。

「イギリスは自由貿易を推奨する国である。一般の貿易商品ならば、自由貿易はおおいに結構だ。だが阿片は一般商品とはちがう。生活必需品ではなく、毒性のある嗜好品である。従って、対外貿易の需要を賄う以外には、許されるべきものではない。理性的な政府ならば、国内消費は慎重にして規制すべきである」。

なんというご都合主義だろう。そしてなんという詭弁であることか。毒性があると認識したうえで、なおかつ対外貿易なら許されると公言してはばからないのである。

とはいえ、ヘイスティングスの方針には、ひとつだけ優れた点があった。専売制にすることで、インドでは中国のように阿片中毒患者が蔓延する事態を防ぐことができたからである。

専売制による阿片生産とは、農家が政府に登録して許可を受け、手付金をもらって阿片を生産する。収穫した阿片は、政府の代行機関に指定金額で全量買い上げられる。もし農家が余剰の阿片を隠れて生産し、勝手に売り払えば罰せられるし、手付金をもらったのに阿片を生産しなかった場合は、手付金の三倍の罰金が課せられる。また、政府の許可なく阿片を生産すれば、これも違法行為として重罰に処せられる。

だから、阿片生産を厳重に管理された結果、生産農家といえども阿片を勝手に自分で使ったり、売買したりすることが出来なかったのである。無論、ヘイスティングスはインド人の健康を心配したわけではなく、徹底した生産管理を目的としたものであった。

インドに阿片中毒患者が増えなかったもうひとつの原因は、もともとインドで食されてきた阿片は、いわば素材そのものであったためである。とくにベンガル地方の阿片は生産物としては二流品で、モルヒネ含有量も低かった。熱帯地方に特有の伝染病の治療には、阿片という薬が無くてはならなかったし、暑気払いに阿片をお茶にまぜて飲んだり、そのまま食べたりするのも日常化していた。だが、阿片はどす黒く、ひどい臭みがあり、味も苦くてまずい。だから必要以上に摂取しようという気持ちが起こらず、中毒患者もそれほど多くはなかったのである。

手間ひまの結晶

イギリスが輸出商品にしようと心に決めた阿片は、これとはまったく別物であり、いわば「新商品」だといってもよかった。「新商品」の生産工程は、こんな具合である。私も実際に見たわけではなく、何冊もの資料から得た知識だが、少し詳しく見てみよう。

二月末から四月初旬にかけて、ケシの花が散って、まだ実が未熟のうちに阿片は収穫される。人々は午後三時頃から、片手に鋭利なナイフをもって畑に繰り出すと、ケシの実の外皮部分に軽く裂け目を入れる作業に取り掛かる。傷つけたところからは白い粘り気のある液汁が滴り落ちるので、陶製の受け皿に受ける。受け皿にたまった液汁は、翌朝採取する。水分が少ないほど良質のものである。

液汁に触れたナイフはすぐに切れなくなるので、人々は水や油にナイフを浸しながら作業する。すると受け皿にたまった液汁に、どうしても水分や油分が混じってしまう。

夜露が流れ込むことも少なくない。これを取り除く作業が次に待っている。

集められた液汁は、底の浅い大きな盆に移し替え、斜めに傾けておく。すると水分や油分だけが浮き上がり分離し、下にはより粘度の高い粘液がたまる。これを陰干しにするのである。陰干しの期間は一ヶ月ほどだが、その間にときどきかき回して乾燥を速め、柔らかい固まりになったところで作業は終わる。生産農家が携わるのは、ここまでである。この後、農民は加工工場へ阿片を持って行く。

工場では、農民が持ってきた阿片の純度を調べる。水分の含み具合はどの程度か。泥やゴミ、焼畑農法による灰などの雑物が混じっていないかどうか。阿片の香り、色艶、粘度などによって等級がつけられ、農民へ支払う購買価格が決められる。

工場では、柔らかい固まりを大きな木の樽に移して寝かせ、さらに水分を飛ばして、水分含有量を基準値以下に引き下げる。基準値は三十%である。

さて、純度の高い阿片になったところで、今度は球形に加工して、さらに純度を引き上げる作業に入る。その工程は次のようなものである。

先ず、直径十八センチほどの真鍮製の丸い鉢に、ケシの花弁を敷きつめる。花弁の隙間には低品質の阿片をたっぷりと塗っておく。阿片を塗り重ねた花弁の厚さが一センチ以上になったら、計量ずみの阿片を丸めて中に入れて押さえつけ、その上からさらに花弁を何層にも重ねて丸く包みこむ。そして最後に、特大の花弁を使って包み、球状の阿片の固まりにする。

球状の阿片の固まりはさらに、ケシの茎や葉を細かく刻んだものの中で転がして、表面にたっぷりケシ屑をつける。これで加工は完了する。出来上がりは、日本の夏に花火大会で使う火薬玉そっくりだ。ここまでの工程を、夏の七月末までには完了しておかなければならない。

火薬玉そっくりの阿片球は、酷暑の太陽のもとで三日三晩晒してねかせ、大きな棚にひとつずつ大切に並べて空気乾燥させる。時々上下を逆にして、カビが生えないようにきめ細かくチェックする。もしもカビが生えてしまったら、もう一度ケシ屑の中で転がして、表面を覆う作業に戻さなければならない。

三ヶ月間、充分に空気乾燥させると、阿片球の表面は乾ききり、硬い甲羅のようになる。これでようやく生阿片の製品ができあがった。半年がかりのこの作業は、まことに重労働で手間がかかり、気の抜けないものである。

十月はいよいよ出荷のための梱包にとりかかる。木製の大きな箱の底にケシ屑を敷き詰め、その上に注意深く阿片球を入れていく。ひとつの箱は上下二層になっていて、下段に二十個、上段に二十個、合計で四十個の阿片球が隙間なく収まる。箱詰めした後、今度は箱の外側にコールタールを塗りつけ、さらに麻布で覆って梱包する。

阿片取引の競売市場はインドのカルカッタにある。出来上がったばかりの「新商品」は船でカルカッタに集められる。初荷は十一月頃に届き、最も遅い荷は、翌年の三月に届く。カルカッタでは年に二度、十二月と翌年の二月に大規模な競売会が催され、すべての商品が船積みされて輸出される。船積みの荷には、「東インド会社」の認証が必要だ。無論、船荷のほとんどは中国向けであった。

総量規制で国際競争力維持

阿片の採集方法から生産工程、船積みまで長々と書いたが、イギリスが行ったのは、それればかりではない。

「商品」となった阿片の国際競争力をつけるため、阿片の生産量を規制して、輸出総量をコントロールしたのである。また、栽培時の品質管理を徹底させ、ケシの栽培畑は自然条件のよい場所を選び、その他の農作物の栽培を禁止してケシ栽培に特定した。これによって、品質が著しく向上した。その一方で、品質の向上しない土地での栽培を取りやめさせ、できの悪いケシは焼き捨てたりもした。

さらに、インド各地の阿片の特性を研究し尽くし、中国人好みの阿片を開発した。阿片の新しい摂取方法も考案した。インド方式の直接口に入れる方法ではなく、阿片を火で炙って煙をキセルで吸うスタイルだ。このスタイルは、タバコの吸い方からヒントを得た。これなら阿片の苦さも臭みも気にならず、ぞんぶんに阿片を楽しむことができるのだ。

まとめてみよう。

品質管理の徹底。生産工程の効率化。歩留まりの向上。商品価値の維持と向上。総量コントロール。信用力の強化。市場調査。新製品の開発。新たなスタイルの考案。

これだけ並べてみれば、もうお分かりだろう。イギリスがやったのは、単なる阿片の輸出などではなかった。イギリスは産業革命以後の技術開発力を結集し、総力をあげて「新商品」を生み出したのである。その陰には無論、今日のどの企業も模範とするような探求心と創意工夫、販売促進のための企業努力があったにちがいない。無論、どれだけ優れた研究と努力があったにしても、阿片という毒を広めた罪の重さは少しも軽減できるものではないのだが。

さあ、画期的な「新商品」が市場に登場した。

総量コントロールの効果はてきめんだった。価格が跳ね上がった。

一七九七年には一箱二百六十四ルピーだったものが、翌九八年は四百二十六ルピー、九九年は七百五十ルピーへと急上昇した。さらに一八〇一年から四〇年にかけて、ついに一千ルピーの大台を突破して、その後も高値を維持しつづけた。

「新商品」となった阿片を供給する生産地は、インドにふたつあった。ガンジス川中下流域と、インド中部から西部にまたがる地域である。

ガンジス川中下流域の阿片は、「ベンガル阿片」と総称され、中国では「大土」と呼ばれる最高級品だった。「大土」の中でもパトナ産の阿片は特に「公班」あるいは「烏土」と呼ばれ、宝石のように貴重品扱いされた。

インド中部から西部にまたがる地域で生産される阿片は、「マルワ阿片」と総称され、中国では「白皮」、「白土」と呼ばれた。トルコ産の阿片とともに「小土」と呼ばれることもあった。

中国では、「新商品」を前にして、ついに阿片ブームに火がついた。贅沢で新しもの好きな中国の上流階級は、画期的で高価な「新商品」に飛びつき、中国人好みの味を斬新な喫煙スタイルで楽しみ、夢幻の境地に身をゆだねて我を忘れたのである。

そのさまは、まさに旧態依然とした中国が、産業革命以後の世界の流れを知らず、欧米諸国の先進性に敗北したことを意味していたのではないだろうか。

毒か薬か、右往左往

だが、実際のところ、イギリスの阿片対中貿易は最初から順調であったわけではない。清朝政府は、一七二九年、阿片喫煙者が増加する傾向を憂えて、はじめて薬用以外の阿片の禁令を布告した。

「阿片煙を販売する者は、違反貨物の購入禁止の例に照らして、枷《くびかせ》一ヶ月、近郊軍隊に従軍の罰を課す。私的に阿片煙館を開き良家の子弟を誘引したる場合は、杖打ち百回、島流しの刑に処す」

もっとも、この禁令はほとんど役立たなかった。まだ「薬」のイメージが強かった中国では、阿片を「薬剤」と「毒物」とに区別することが難しく、罰するための決定的な根拠がみつからなかったからである。

たとえば、こんな事例がもちあがった。

福建省の知府（府知事）である李治国は禁令の発布に従い、さっそく阿片査察を実施したところ、福州のある商人が阿片を三十四斤所持しているのを発見し、即座に検挙した。知府は真面目で律儀な性質の人だったらしい。禁令に従って「枷一ヶ月と従軍の罰を課す」と判決を下した。

商人はこれを不服として上級の福建巡撫に申し出て、「これは薬剤である」と釈明して、冤罪を主張した。

しかし、福建巡撫には「毒」なのか「薬」なのか、よくわからなかった。そこで薬剤商を喚問して実物を検査させた後、判決をこう言い渡した。

「この阿片は確かに薬剤である。人に害を及ぼす阿片煙はタバコと混ぜて使用するものであって、この阿片はまだ阿片煙になってはいない」

まことに迷判決である。商人は無罪になった。

判決を聞いた福建省の知府は納得がいかず、時の皇帝、雍正帝に上申書を提出した。

「ここは禁令を厳守させるために、阿片三十四斤を没収しては、いかがなものか」。するとと、雍正帝の「批」（皇帝の決裁）が下った。

「もし違法のものであれば厳罰に処すべきだが、禁制品でないならば、なにゆえに地方で没収するのか。庶民のささやかな商売の資本である」。

そして逆に、知府は雍正帝の叱責を受けてしまった。

まるで笑い話のようではないか。

まだ阿片が広く普及していない時代のことで、地方役人はおろか、禁令を発布した皇帝自身ですら、阿片の特性を明確に判断できなかったのである。

こんな有様であったから、清朝政府が発布した禁令などはザルの目のようなものであったし、薬剤としての阿片は、相変わらず暢気に輸入していた。


イギリス政府は建前上、阿片貿易に対して曖昧な態度を取った。

公式の貿易ルートには乗せられないので、東インド会社から発行される取引免許状を持つ商人たちに便宜を図るという迂回手段を使って阿片貿易に道を開いた。また、中国との貿易ではイギリスの先輩格で、清朝政府から検査免除の優遇措置を得ているポルトガルの船に荷積みして、阿片をマカオで売りさばくという方法もとった。

一七九四年、イギリスは初めて広東省広州の黄埔《こうほ》港まで船を乗り入れ、その後マカオ南の雲雀湾に停船して阿片の貯蔵庫である「躉船《とんせん》」を設置した。

「躉船」とは、通常、船会社が埠頭に係留して貨物用の倉庫にしたり、客船用の桟橋にしたりするもので、ハルクともいう。阿片貿易は、これ以後すべて「躉船」を介して行われるようになるが、詳しい様子はもう少し後で述べよう。

イギリスは阿片貿易が軌道に乗ったことで、貿易赤字が急速に減少し、逆に黒字に転じた。国家税収も激増した。イギリス国内の紅茶の消費税収入が、毎年三百四十万ポンドにのぼり、歳入の十分の一に達したからだ。インドの植民地から吸い上げる阿片税も、一八四二年にはベンガル植民地政府の歳入の二十%に達して、イギリス国内、植民地ともに莫大な利益を記録した。

十九世紀以降、インドを仲介にした「三角貿易」の中国向けの輸出商品として、阿片が最大の目玉商品になったことは、誰の眼にも明らかだった。

国家の中枢から庶民まで

阿片の中国向け輸出は、もはや止まらなくなった。ザルの目のような清朝政府の禁令をかいくぐり、中国へ密輸される阿片が急増した。一七六五年には二百箱から三百箱であったものが、一八二一年には四千箱、一八三七年には三万四千箱へと、爆発的に膨れ上がっていった。

中国では阿片が宝石のように高価で、贅沢品のイメージが強すぎた。阿片を楽しむ人たちは上流階級である。言い換えれば、彼らは中国の政治と経済の中枢部で権力を行使する実力者たちだ。このことは重要である。

中国の真の悲劇はここにあった。

政治と経済の中枢部に、突然、阿片という巨大な爆弾を落とされて、実力者全員が犠牲になったようなものである。阿片は心身をむしばみ、廃人にして、命を奪う。

同時に、阿片の圧力は下層階級からも突き上げられてきた。

高級嗜好品とは別ルートで、台湾から持ち込まれたタバコやビンロウジュの葉と混ぜて吸う台湾土着の阿片である。これは福建や広東の漁村で広まり、人の手を伝って奥地へと持ち込まれていった。

不運はさらに重なった。

清朝の治世がちょうど悪い時期に当たっていた。太祖ヌルハチの建国後、順治帝が実質的に中国を支配し始めた一六四四年以後、康熙、雍正、乾隆、嘉慶と皇帝が交代し、次の道光帝が即位したとき、清朝はすでに百七十年あまりが過ぎていた。この長すぎる時間の中で、政治気風は弛緩し、役人たちは怠惰に慣れきって腐敗が進み、汚職は蔓延していた。

もしも国家にも年齢があるとしたら、清朝政府はすでに高齢に達した老人だといえるだろう。もはや青年や壮年時代のように、溌剌とした発想や健全さを保つには遅すぎる年齢であった。

阿片は、そんな時代につけ込まれたと言ってもいい。

国の中枢を司る人々はみな贅沢を好み、阿片にのめり込み、こぞって阿片中毒患者に成り果てたのだ。上司がそうなら、部下も右へ倣えで、阿片は速やかに伝染する。庶民はそんな役人たちに慣れっこで、最初から諦め顔で阿片を吸っていた。

結果は明らかだろう。政治は腐敗し、軍隊は武力を削がれた。高価な阿片を購入するために、それまで蓄積されてきた国家の財産である銀が大量に国外へ流出して、経済が破綻した。すると人々は職を失って流浪し、匪賊と化して治安が悪化する。

国家体制は崩壊寸前だった。というより、この時すでに外形を止めていただけで、内部はすでに大きな空洞になっていたのかもしれない。

阿片の密輸に歯止めをかけるべき機能は、完全に麻痺してしまったのである。

第四章　小説と現実の阿片商人

冒険小説と阿片

十六世紀は「香料の時代」、十七世紀は「こしょうの時代」だと、よく言われる。この伝でいくと、十八世紀は「茶の時代」、そして十九世紀はまさに「阿片の時代」だと言わなければならない。

阿片についてはこれまで、「阿片戦争」という大きなエポックを中心にして語られることが多かった。阿片の流入によって国力の衰え著しい清朝政府がイギリスとの戦争に負け、それ以後、さらに阿片の深刻な害に悩まされつづける……という図式である。

無論、阿片戦争は重大な事柄だから無視するわけにはいかないが、どうもこれだけでは歴史の教科書を見せられているようで、面白くもおかしくもない。

そこで、もう少し視点を下げて、一般のヨーロッパ人、とくにイギリス商人たちの行動を追ってみよう。彼らが抱いた東洋のイメージとはどんなものだったのか。そして阿片をどんな感覚で中国に売っていたのか。統計数字に表われないこうした心理面がわかれば、阿片戦争直前の雰囲気に肉薄できるのではないかとおもうからだ。

イギリスのある有名な小説の中で、主人公が知り合いのイギリス商人の言葉に心を動かされて、貿易をはじめる場面がある。イギリス商人はこう誘うのだ。

「……シナに貿易船としてひとつ航海しようじゃありませんか。いったいわれわれはどうしてじっとしているんですかね？　全世界が動いているのです。ぐるぐるまわっているのです。神の造り給うたあらゆるものが、天上のものも地球上のものも、みな忙しく懸命に働いているのです。なぜわれわれだけが怠けているのですかね？　世界中で怠けているのは人間だけじゃないですか？　われわれが怠け者の仲間に入っているって法はないですよ」

……私はこの航海でスマトラ島のアチンに行き、そこからシャムに行った。そこでわれわれの商品の一部を阿片とアラック酒と交換したが、阿片はシナ人の間では非常に高価で取り引きされ、当時需要の大きな商品であった。……故国イギリスで多くの人々が、商会から派遣されてインドに渡った職員だとか、そこに常駐していた貿易商人だとか、が莫大な財産を儲けるのを、いや時には一時に六万から七万、或いは十万ポンドという財産をもって帰国するのを見て驚く姿を私は見聞している。

なにをかくそう、この小説はかの有名な『ロビンソン・クルーソー』の一節なのである。『ロビンソン・クルーソー』といえば、思い出すのは漂流記である。船が難破して孤島にたどりつき、一人で知恵を絞って生き抜くアドベンチャー物語だ。だが、漂流記は第一部であって、物語には第二部もあったのである。第二部は十七世紀の航海記とでもいうような内容で、アフリカ、インド、中国とアジア大陸大横断の冒険談である。

この第二部は、第一部ほど有名にならなかった。その理由はおいおいお話するとして、ここでご紹介したいのは第二部の中国に関する部分である。いやいや、小説だからといって馬鹿にしてはいけない。小説には時として、人間の心理や歴史的事実が描写されているものなのだ。

いよいよ北緯三十度の線に到達した時、どこの港でもいい、まず行きついた最初の貿易港に入ることにした。陸地に向かって針路をとって進んでいると、本船めがけて二リーグの沖合いまでボートがやってきた。それには年とったポルトガル人の水先案内人が乗っており、こちらがヨーロッパの船だと分かっていたので、何か役にたつことがあればしてあげよう、とわざわざきてくれたのであった。
（『ロビンソン・クルーソー』（下）デフォー作、平井正穂訳、岩波文庫、以下同）

北緯三十度というのは、中国沿岸のどのあたりだろう。地図で調べてみると、上海のほんの少し南、どうやら杭州湾に面した舟山諸島あたりである。すぐ近くに寧波《ニンポー》があり、杭州湾の奥には杭州市が位置している。リーグというのは昔の距離の単位で、約四・八キロメートルに相当する。

ロビンソンは水先案内人に、南京湾まで案内してほしいと頼み、「こちらの積荷を売り、陶器、キャラコ、生糸、茶、絹織物その他を買い付けたい」と説明する。

中国でイギリス人が買いたい商品というのは、こうした品々だということがよくわかる。ヨーロッパでは誰もが中国の商品について、この程度の知識はあったらしい。

しかし、南京湾というのがどこなのか、よくわからない。上海から長江を遡った南京市周辺の港だろうか。それとももっと海岸線を北上した小さな港なのだろうか。このあたりの説明は一切省かれている。この小説では、「南京」と「北京」以外、内陸部の地名については、かなりいい加減である。

ロビンソンの見た中国

さて、ロビンソンの依頼に対して、水先案内人は、こう答える。

それなら澳門《マカオ》に入港するのが一番よかったのだ。澳門ならわれわれがもっている阿片も間違いなく良い値で売れたはずだし、あらゆる種類のシナ商品が南京と同じくらい安価に買えたはずだ。

マカオは中国最南端に位置する広東省の珠江の河口部に近く、香港とは目と鼻の先にある。一五五七年以来、ポルトガル人が居住し、一八八七年にポルトガルの植民地になった。中国に返還されたのは一九九九年だから、百十年以上も植民地だったことになる。阿片戦争前後はヨーロッパ人の家族が多く住み、中国へ渡ろうとする宣教師がまず訪れる場所でもあった。

ロビンソンが、マカオのことを知らなかったわけではない。マカオにはイギリス船もオランダ船も寄港するので、海賊の疑いをかけられていた彼は、見つかって有無を言わさず縛り首になることを恐れて、迂回して航行してきたのである。ロビンソンは年寄りの水先案内人に、北京やシナ帝国の有名な宮廷も見に行きたいのだと、言い訳する。

老人は、「そうなんですか。それじゃ寧波へ行くんですな。あそこには海に注いでいる河がありましてね、その河は大運河から五リーグの地点までさかのぼれるんですよ」と、いった。この運河は充分航行できる河で、シナという巨大な帝国の中心部を貫通して流れ、あらゆる河を横切り、相当高い丘陵地帯も堰や水門の力をかりて乗りこえてゆき、やがて北京の都に達するのである。延長は二百七十リーグになんなんとするのである。

大運河については第二章で書いた通り、十三世紀にマルコ・ポーロが船旅をした水路、つまり「塩の道」である。それがここでも登場してくるのである。ヨーロッパ人の中国知識はかなりのものであったと推測できる。水先案内人が紹介するように、十七世紀になると、海洋貿易のためにかなり大型の貨客船まで航行できるような堂々たる水路であったのにちがいない。

もっとも、ロビンソン・クルーソーは大運河を遡らなかった。行ったのは、「南京湾の南西の地点」から、さらに「南の方角に四十二リーグほど航行すると」行き着く「クゥインチャンという小さな港」なのだという。

ロビンソン・クルーソーたちが上陸すると、水先案内人がさっそく日本商人を連れてきた。ベンガルで買い入れた商品を売るためである。

この（日本）商人はわれわれにどんな商品をもっているかといろいろ訊ねた。そして、まず阿片を全部非常にいい値段で買ってくれた。代金は金を目方ではかって支払われたが、一部はその国の小形の金貨で、一部は一個約十オンスか十一オンスの重さの小さな楔形の金で支払われた。

「小形の金貨」というのは、日本で江戸時代を通して使われた小判のことだろう。「小さな楔形の金」とは、何のことだろうか。ついでに盗難品だった船も日本商人に売る約束をとりつけてしまったので、海賊事件からは無事解放された。

肩の荷を下ろしたロビンソンは持ち前の好奇心を発揮して、南京へ向かい、町を観光するのだが、整然とした町並みや直線的な街路などに目を見張る一方、街中で目撃した人々の貧困ぶりと怠惰な様子にひどく驚き、こんな感想を漏らしている。

砲八十門をつんだイギリスなりオランダなりフランスなりの軍艦なら、その一隻だけでシナのすべての艦船と戦ってもこれを撃破することができよう。だが、彼らの富や貿易や政治力や軍事力の偉大さは……シナ人が野蛮人とそう大差のない未開の異教国民だということを思えば、それがとうてい期待できないと考えざるをえないが故に、われわれにとっては驚くべきものとして映ってくるのである。

……彼らが無知で汚らしい奴隷の単なる軽蔑すべき集団か群集にすぎず、そしてそういう連中しか治める能力のない政府に隷属しているということを、私は実際に見て知っていた。

北京へ移動する道中の描写は、さらに辛辣だ。

途中、人口だけは無闇に多いが、開墾の状態ときたらひどくみじめな地方を通っていった。農業も経済も生活様式も、住民が勤勉だと自惚れているにもかかわらず、みじめなものであった。……人々の誇りは無茶苦茶にすさまじく、この誇りにいちだんと輪をかけてすさまじいのが貧乏なのである。……シナの住民は高慢で横柄で、大部分は全くの乞食でただあくせく働く人間なのである。体裁を気にすることこれまた大変なもので、それがもっぱら衣服や建物に示されている。また大勢の召使や奴隷をかかえることに示されている。これなどは馬鹿の骨頂という他はなく……世界中の人間の軽蔑の的となっているのである。

異教徒の国への偏見と現実

まあ、率直といえば率直な印象だが、辛辣さも度を越すと、傲慢としかおもえない。これがヨーロッパ人の抱く中国観の一面だったと捉えてよいのではないだろうか。小説の先を読むとわかることだが、ロビンソンが言う「世界中の人間の軽蔑の的となっている」理由というのは驚くべきことに、中国やアジアがキリスト教国ではなく、「異教徒」の国であるという、ただ一点に凝縮されていくのである。

北京に到着したロビンソンは、ラクダの隊商に加わって韃靼《だったん》人の支配する砂漠地帯を横断する。旅の途中、ロビンソンは砂漠に点在する村に立ち寄り、住人たちが熱心に偶像を信仰する姿を見て怒り狂う。そして数人の仲間を誘って夜中に村を襲い、住人たちを縛りあげて偶像を焼き払ってしまう。そればかりかロビンソンは、自分の行為に一点のやましさも感じず、快哉を叫んで、断固としてキリスト教徒の信仰を礼賛するのである。

ああ、異教徒は野蛮な者たちだと断言する、この感覚はなんだろう。これこそがヨーロッパ人たちが抱く東洋イメージの根幹にあったものではないだろうか。作者のデフォーはロビンソンの口を借りて、彼自身の考えを述べたのかも知れない。彼自身、イギリスで国教会派から異端の徒とされたプロテスタントとして、長い苦悶のなかにあったのである。

『ロビンソン・クルーソー』第二部が、第一部と比べて格段の差で見劣りがし、世の中に受け入れられなかった理由は、こうした描写や偏見に原因があったのではないだろうか。はっきり言って、駄作にはちがいない。

だが、参考にはなる。ロビンソン・クルーソーの目に映った中国の実態が、まさに描写通りの部分があったとおもえるからだ。また、おそらくはロビンソンに似た宗教観をもつヨーロッパの宣教師たちが続々とやってくるようになると、清朝政府は苦々しく感じて、ひどく危機感を募らせるのである。

清朝政府が苦々しく感じたのは、過去の記憶とダブるからだ。南宋時代に興った仏教結社の白蓮教が、元末に起こした「紅巾《こうきん》の乱」は王朝の体制を揺るがすほどの大事件であった。根絶されずに地下に潜った白蓮教は秘密結社となり、明、清時代になっても反政府的な活動を繰り返し、時おり反乱を起こす厄介な存在でもあった。

宗教とは、反政府的活動に走る危険な存在だ――。

清朝政府がそう捉えたとしても不思議はない。当初は黙認していたキリスト教の宣教師たちだったが、次第に数が増えて活発な布教活動をしはじめると、清朝政府の危機感はいっそう強まったにちがいない。

ヨーロッパの侵攻は、いわば阿片と宗教がコンビを組んでやってきたのである。

間もなく戦いの火蓋が切って落とされる阿片戦争の背景には、キリスト教の進出を恐れた清朝政府の焦りがあっただろうことも、見逃すことはできない。

香港に銀行ができた理由

さて、ロビンソン・クルーソーの活動を、地でいく人物が現れた。ジェームズ・マセソンとウィリアム・ジャーディンである。二人は一八二八年に提携し、もともと広東にあった中国最初の外国商社を買い取り、「ジャーディン・マセソン商会」を作った。中国語では「怡和《いわ》洋行」という。扱う商品はほとんど阿片であった。ジャーディンはもと東インド会社の外科医だったが、阿片貿易があまりに儲かるのに目をつけて、貿易商に転身した経歴をもつ曰くつきの人物だ。人の命を救うはずの医者が、人の命を縮める商売に鞍替えしたのである。まったく呆れた話である。

不完全な調査ながら、一八二九年一年間に「ジャーディン・マセソン商会」が扱った阿片は五千箱に達し、価格にして四百五十万メキシコドルであった。この数字はその年の阿片全輸入額の三分の一を占めた。ちなみに中国での欧米商社の商取引の内訳をみると、四十%前後が茶の輸入で占められ、残りの六十%がすべて阿片の輸出業務であったという。

一八三〇年、「ジャーディン・マセソン商会」の前身商社を経営していたイギリス人のマニャックは、イギリス議会でこんな報告をしている。

「ジャーディン・マセソン商会」は広州で最大規模をほこり、取引商品は阿片が大半だが、中国に貨物を輸出するのは、イギリスが中国から資金を取り戻すためにほかならない。

イギリス人が茶の代金として支払う資金は、当然のことイギリスに還元しなければならないという発想である。なんと都合のよい解釈であろうか。

一八三七年、中国には外国の商社が三十九社あり、その中で「ジャーディン・マセソン商会」は最大の規模を誇ったが、これと並んで二大商社の名を馳せたのは、上海に拠点を置いた「サッスーン商会」である。

二十一世紀を生きる女性たちにとって、サッスーンと聞いてすぐに思い浮かぶのは、ヘアースタイルの「サッスーン・カット」ではないだろうか。サッスーン社の社長はビダル・サッスーンといい、美容院で販売されている高級シャンプーなどの商品も幅広く生産している。

このサッスーン氏と同じ一族かどうかわからないが、サッスーン商会を創業したデイビッド・サッスーンは、イギリスのユダヤ系名門の出身で、もとはバグダッドの豪商だったが、一八三〇年にバグダッドの総督がユダヤ人を追放したため、ペルシャへ逃れた。折から戦争状態にあったペルシャでは、特産品の阿片の取引が止まり、値がつかない状態になっていたので、サッスーンは底値で買い入れ、生産中の阿片も予約購入した。阿片が収穫される頃、戦争が終わり、阿片の値段は再び高騰して、サッスーンは巨額の利益を手にした。その資金を元手に「サッスーン商会」を創設したという。勿論、取引商品は主として阿片であった。

やがてイギリスがインドに設立した「東インド会社」で営業許可を得た「サッスーン商会」はボンベイに拠点を据えて阿片貿易に乗り出し、香港にも開店して「沙遜洋行」と名乗った。

サッスーン家の、優れた部分もご紹介しておこう。

イギリスのサッスーン家は慈善事業でよく知られ、ユダヤ人救済運動にも貢献している。三人の息子たちはイギリス社交界の名士になり、孫のエドワード・サッスーンは政治家である。その息子のフィリップ・サッスーンは空軍次官だったが、美術品の収集家として名が通っている。サッスーン家の傍系にはヘブライ語文書の収集家のフローラ、詩人で小説家のジークフリード、実業家のビクターなどもいて、多士済々で華麗な一族である。

阿片売買のために、上海へ先陣を切って乗り込んだのも「サッスーン洋行（沙遜洋行）」だった。一八四五年、上海の目抜き通り（現在の江西路と九江路の交差点）に支店を開いた。

当初、上海の阿片貿易の二十％を占めるほどの大取引に携わり、人手が足りずに十四人もの親族を呼び寄せ、業務拡大した。

一八六四年、創業者のデイビッド・サッスーンが亡くなると、「サッスーン洋行」は長男が引き継ぎ、次いで次男が独立して「新サッスーン洋行」を開業した。

新旧の「サッスーン洋行」は、互いに協力しながら、インドのケシ畑の〝青田買い〟をしたり、独占買い付けをしたりしながら、アジア全域に幅広いネットワークを築いた。日本でも、横浜の居留地に拠点を据えて貿易に従事し、神戸には邸宅を構えた。その邸宅は現在、神戸異人館として保存されている。一八七〇年代には、「サッスーン洋行」はインドの阿片貿易の七十％をコントロールするまでに成長するのである。

「ジャーディン・マセソン商会」と「サッスーン洋行」。この二つの巨大商社を筆頭にして、その後も続々と貿易商社が進出してきた。「デント商会（宝順洋行）」、「ギブ・リビングストン商会（仁記洋行）」、「ラッセル商会（旗昌洋行）」などのイギリスとアメリカの商社がいる一方、中小の地元商社やアジアからの商社などが雨後の竹の子のように増え続けた。

不確実な数字だが、外国の商社は一八三七年に三十九社だったものが、二十年後には約三百社に増え、一九〇三年には、なんと六百社以上にものぼったという。

欧米の商社が業務を拡大し、取引金額が増えるに従い、なにより頭を悩ませたのは資金の安全な輸送方法だった。イギリス流の解釈では、「イギリスが中国から資金を取り戻す」ための安全で迅速な手段が必要とされたのである。

よいアイデアはすぐに浮かんだ。銀行の設立である。

一八六五年三月、「サッスーン洋行」、「ジャーディン・マセソン商会」、「デント商会」らは十五人の代表発起人を決め、資本金五百万ドルを投じて香港に「香港上海銀行」を設立した。サッスーン・グループのアルバート・サッスーンら八人が理事会役員に就任し、一ヶ月後には上海で営業を開始した。

「香港上海銀行」の最大の業務は、阿片貿易で儲けた資金を安全かつ迅速にイギリス本国へ送金することであった。

第五章　千トンの白煙

弛禁論と厳禁論

「妖花」——妖鬼の花。

ケシの花を、中国の人々はそう呼んだ。人間に食らいついて肉体を蝕み、精神を狂わせ、死ぬまでいたぶりつづける邪悪で淫靡な花だ。

一八三五年、全中国の阿片喫煙者は少なくとも二百万人に達した。上は皇族や朝臣、官僚から、下は兵士、労働者、都市住民にいたるまで、また地域は広東、福建など沿海部から貴州、四川など、全国十数省に広まった。

清朝政府は再三、禁令を発したが、効果はみられなかった。道光帝は苛立った。国庫にたっぷりあったはずの銀が大量に海外へ流出し、国家資産が大幅に目減りしたこともあったが、それ以上に皇帝自身の権威がないがしろにされたと受け止めたからである。

道光帝は阿片対策について、広く意見を求めた。一八三〇年代前半までにさまざまな意見が上奏された。最初に出されたのは、

阿片は禁止すると密輸が増える。解禁して税金を徴収してはどうか——

という意見だった。

太常寺少卿の許乃済《きょだいさい》が言い出し、皇帝の信任厚い首席軍機大臣の穆彰阿《ぼくしょうあ》、直隷総督の琦善、耆英《きえい》、伊里布らを中心として、皇帝の側近たちが賛成した。彼らは、「銀の流出は阿片の密輸が原因であるから、禁止すればするほど密輸が増える。したがって禁止措置には反対である。阿片喫煙者があまりにも多いので取り締まることもできず、監獄にも収まりきらない。禁煙など不可能だ」と、主張するのである。つまり現実的な「弛禁論」である。

無論、これには朝臣の中からも即座に反論が出た。

阿片の禁令が奏功しないのは、取締りが手ぬるいからである。さらに厳しく取り締まり、阿片喫煙者、とくに役人や兵士の場合は厳しく罰しよう――

という至極まっとうな意見である。

内閣学士兼礼部侍郎の朱嶟《しゅそん》、江南道御史の袁玉麟《えんぎょくりん》らが提出した反論は、とりわけ鮮やかな論法だった。

おり悪しく、皇帝のお膝元である京城（北京）では、皇族の血を引く荘親王ら貴族数人が阿片を喫煙していたことが発覚し、天津でも価格にして十三万両の阿片が摘発されたことから、道光帝は衝撃を受け、禁止論に気持ちが傾いた。これ以後、「弛禁論」を声高に唱えるものは影を潜め、禁止論が主流になった。

禁止論をさらに一歩進めるため議論を重ねるうち、「厳禁論」が注目された。厳禁論を主張したのは、鴻臚寺《こうろじ》卿の黄爵滋《こうしゃくじ》だった。彼は「阿片喫煙者は一年以内に禁煙を勧告指導し、その時期を過ぎても喫煙する一般人は重刑に処す。官僚はさらに重刑に処す」と主張した。鴻臚寺とは、宮廷で儀礼をつかさどる役所のことで、「卿」は長官をさす。黄爵滋の主張を支持し、さらに補完したのは、湖広総督の林則徐、両江総督陶澍、河南巡撫の桂良、護理湖北巡撫の張岳崧、安徽《あんき》巡撫の色卜星額らだった。なかでも、林則徐の意見は具体的で、一年間を四期に分け、段階的に達成する方策を述べた。湖広総督、つまり湖北、湖南両省の長官である林則徐は、かつて禁令が発布された際に、すぐさま自分の管轄する両省内で禁止措置を指令して熱心に取締り、かなりの成果をあげていた。そのときの経験を踏まえて上奏したのである。

「弛禁論」と「厳禁論」――。

ここで登場した二つの主張は、清朝政府がその後に行う阿片政策で、常に天秤にかける二つの選択肢となった。つまり、厳禁論が暗礁に乗り上げると、すぐさま弛禁論に切り替え、弛禁論で収拾がつかなくなると、また厳禁論を実施するという具合である。まことに優柔不断で、腰の引けた国家政策だと言うほかない。そればかりか、この阿片政策は、清朝時代が終わりを告げた後、中華民国の新たな時代に入っても、基本的に両者の間を振り子のように行き来しながら、延々と繰り返されるのである。阿片の撲滅とは、それほど困難であったともいえるのだが。

一八三八年十月初め、林則徐は道光帝の求めに応じて、詳しい奏章を提出した。

　もしこれ以上うやむやにしていれば、数十年後には中原に敵に抵抗すべき兵士を徴用することができなくなり、軍の食料を賄う銀もなくなるだろう。

これには道光帝も参ったらしい。軍は清朝の命綱にも等しい。もし財政不安に陥って軍隊が弱体化すれば、皇帝の玉座すら危うくなる。

道光帝は林則徐を北京へ呼び寄せ、八日のうちになんと八回も接見して林則徐の意見に耳を傾け、阿片厳禁の大方針を決定した。林則徐は皇帝から特命の全権を担う「欽差《きんさ》大臣」に任命され、広東へ遣わされることになった。こうして中国の歴史上、林則徐は阿片戦争とは切っても切れない人物として名を残すことになる。

林則徐の徹底摘発

林則徐は一七八五年生まれで、福建省出身。このとき五十三歳。有能な官僚で、あぶらの乗り切った年齢であった。性格はかなり律儀で、堅物だったらしい。彼は長年日記をつけていた。

ずっと後になるが、中華人民共和国が誕生して六年目の一九五五年、初めて林則徐の日記が公開された。そのなかには、彼が北京から広東への旅の途中の一八三九年二月十四日から、広東を去ったのちの一八四二年六月十六日まで、広東滞在中の全期間がふくまれている。日記は実録風で細かく、簡潔な描写である。

当時の冬の旅行は困難を極めた。一八三九年二月十四日。旅の半ばの日記には、こう記されている。

本日、日の出とともに新春（旧正月）を迎え、船上に恭しく祭壇を奉り、京師（北京）の朝廷の方角に向き直って「叩頭《こうとう》」し、つつしんで皇帝に新年の麗しきを祈る。次いで先祖の遺影に礼をして供物を供える。朝方に激しい北風が吹いたが、子の刻（夜中の十二時）になってややおさまり、出立が叶う……

この日は旧正月の元旦に当たっていた。「叩頭」とは、ひれ伏して地に頭をつけ、礼をすることである。皇帝とご先祖様に新年の挨拶をするのは、官僚としても善良な個人としても当然のことであったろう。

まして清朝政府は異民族の満州族が支配しているのである。漢族出身である林則徐が、皇帝の名代ともいえる「欽差大臣」に抜擢されることなど、異例中の異例ともいうべき計らいである。おそらく彼は皇帝の示した鷹揚さに感激するのと同時に、全身全霊で責務を全うしようと決意したにちがいない。

翌日、激しい雨の中を南昌に到着すると、足止めを食らって数日滞在することになる。当地では待ち受けていた地方官僚の接待を断り、そのかわりに海運に造詣が深い包世臣《ほうせいしん》を訪ねて意見を聞き、勉強に余念がない。

北京を出立する前、林則徐の友人の一人、龔自珍《きょうじちん》は短い手紙をしたため、阿片禁止措置を行うことの正しさを熱心に説き、軍備を増強して欧米の武力侵攻に対処するよう助言した。林則徐は友人の好意に深く感謝した。

北京から広東へは、水路と陸路をたどって約二ヶ月の行程である。

林則徐は直隷（現在の河北省、内蒙古自治区の一部）、山東、安徽、江西各省を通過し、行く先々で阿片の密輸状況を把握し、禁煙に対する地方の官僚や郷紳たちの意見を熱心に聞いた。安徽省を過ぎるときには、かの地に引退した官吏が、数年前に広東省の香山県に任官していたときに密輸阿片を五千キロあまりも押収したと聞き、わざわざ訪ねて行って広東の密輸の状況を聞き、対策について熱心に議論を交わした。こうして林則徐は広東省に到達する前に、すでに広東の阿片の状況についてかなり詳しく状況を把握していた。

一八三九年三月十日、林則徐は広東の省都の広州に到着した。常春の国・広州は、すでに春の真っ盛りである。まばゆい太陽の下で、花が咲き乱れていた。

欽差大臣を迎える埠頭では、にぎにぎしく九発の礼砲が打ち鳴らされるなか、両広総督（広東、広西両省長官）の鄧廷楨《とうていてい》、広東巡撫の怡良《いりょう》、広東水師（海軍）提督の関天培《かんてんばい》ら、広東の高官たちが打ち揃って出迎えて、歓迎の意を表した。

林則徐は長旅の疲れもとれないうちから精力的だった。期限一年と決めた禁煙条例を発布した。広州の煙館を閉鎖して、阿片密売業者二千二百人を摘発したほか、阿片七十万両と喫煙用のキセル七万五千本を没収し、賄賂を受け取っていた地方官僚らを逮捕した。その一方、外国人貿易商に対しても、仲介業者である中国人商人を通じて、「今後一切、外国から阿片を密輸してはならない」という厳しい禁止条例を通告した。

今度の欽差大臣は手ごわいぞ――。

通告を聞いた外国人貿易商たちは、そう思ったにちがいない。

当時、外国との貿易を行える中国の都市は広州だけであった。

広州の珠江沿いには外国人居留地があり、彼らの居住する洋館がずらりと並んでいた。洋館が立ち並ぶ地域は「十三行街」と呼ばれた。もともと十三軒の洋館がならんでいた街という意味である。その後、洋館の数は多少変化したが、名前はそのまま残った。

洋館には、スペイン、フランス、スウェーデン、アメリカ、イギリスの東インド会社などの企業が入居していたが、最も大きな貿易取引を行っていたのはオランダ館にいたジャーディン・マセソン商会であった。

洋館は、土地の人々から「夷館」と呼ばれていた。「夷」とは外国人を指すが、野蛮な人という揶揄を含んでいる。

清朝政府の決まりによって、「夷館」に住む外国人貿易商たちは、海外から持ち込む商品を直接中国人に売ってはならず、特別の営業許可を得た中国人の「行商」とだけ取引できる仕組みになっていた。「行商《こうしょう》」は外国人貿易商から外国商品を買い取り、それを地元の企業や商店に卸すという仲介業者の役割を担っている。この制約条項は、清朝政府が制定した活動制限項目のなかでも、もっとも重要なものだった。

外国人貿易商たちは表向き、絹や茶、陶磁器などの中国製品を仕入れたり、木綿やアジアの香辛料など外国製品を売りさばいたりしていたが、裏ではほとんどが阿片の密輸商人を兼ねていた。

阿片の取引は、こういう手順で行われる。

先ず「行商」が中国人の顧客との間で売買の契約を交わし、代金を支払ったことを証明する証文を顧客に渡す。顧客は、珠江河口部の伶仃島沖に浮かぶ倉庫船「躉船」に証文を持参して、証文に書かれた数量の阿片を受け取る。

阿片を運ぶのは「快蟹《クアイシエ》」、もしくは「快鞋《クアイシエ》」と呼ばれる足の速い小型の密輸船である。「快蟹」は快速のカニ、「快鞋」は快速の靴、という意味である。左右に鋼鉄製の板を張って銃撃から身を護り、六、七十人の漕ぎ手が揃ってオールで漕ぐさまがカニに似ているせいだろうか。取引は無論、違法行為だから、広東水師の巡視船が摘発しようと目を光らせている。

だが、たとえ巡視船が「快蟹」、「快鞋」を見つけても、あまりに迅速なために追跡が難しく、取り逃がしてしまう。あるいは摘発というのは名ばかりで、ある一定の賄賂を巡視船に支払えば、お目こぼしされるよう暗黙の約束ができていた。つまり、密輸とはいいながら、半公然の取引が可能であったのだ。

反発、根負け、エリオット

林則徐は広州到着以来、多忙な日々を自分に課した。

広州の知識人から広く意見を聞く一方、外国理解にも努めた。外国の新聞や書物を訳させて、寸暇を惜しんで通読した。それまで清朝政府の最大の教養と考えられていたのは孔子や孟子の教えである四書五経であり、中国こそ世界に君臨する偉大な国だという認識に立っていた。異国の事情に関心をもつ政府高官は皆無に等しかったといってもい い。それが林則徐の場合はちがっていた。

彼はまた、阿片取締りの条例を矢継ぎ早に制定するのと同時に、外国人貿易商に対しても、厳しい要求を課した。手持ちの阿片の数量を報告の上、三日以内にすべての阿片を差し出すよう命令したのである。そして、「今後一切阿片を持ち込まないことを誓約書にして提出すること。もし貨物の中に阿片があることが発覚した場合、貨物はすべて没収のうえ、今後一切の貿易を禁止する」と申し渡した。

イギリスの海軍大佐で商務監督として、イギリス領事のような役目を果していたチャールズ・エリオットは反発した。

彼は、自国の貿易船に多少の阿片を提出すればよいと滞在中のマカオから指示を出した。適当な数量を差し出して、北京からやってきた新任者の面子を立ててやれば事態は収まり、これまで通りに阿片貿易がつづけられるだろうと、高をくくったのだ。

期限当日の三月二十一日、各貿易船は総数千三十七箱の阿片を差し出した。だが、林則徐は騙されなかった。珠江河口部の伶仃島沖に浮かぶ「躉船」は二十二隻あり、それぞれの船に少なくとも千箱が貯蔵してあることを調べあげていた。

林則徐は厳然と不足分を要求した。エリオットは隠蔽工作が失敗したとみて、強硬手段に訴えた。二十三日、彼は伶仃島に浮かぶすべての「躉船」に命令を発し、沖合に移動させたうえで、戦闘の構えを見せた。

翌日の夕刻、エリオットはマカオから密かに広州の洋館に戻った。洋館にいる外国人貿易商たちを事前に救出するためだった。だが、それを見咎めた群集が洋館をぐるりと取り囲み、彼自身も一歩も外へ出られなくなった。

林則徐は再三にわたる警告が無視されたことに腹をたて、最終手段に訴えた。

水師を派遣して、二十二隻の「躉船」を一隻残らず捕獲するのと同時に、黄埔港に停泊しているすべての貨物船に対して、「封艙」——貿易業務を停止し、完全に封鎖したのである。

「夷館」は厳重な監視下に置かれた。

各国の洋館で雇われていた中国人は一斉に退去させられ、外国人貿易商の出入りが固く禁じられた。正門と裏門ばかりか周囲の建物の屋根にも、くまなく武装兵士たちが配置され、銃剣を肩に担いだ兵隊たちが四六時中、洋館の周囲を巡回した。「夷館」はもはや陸の孤島だった。

突然、水師の巡視船が一艘、波しぶきを上げて疾走してくると、洋館の立ち並ぶ沿岸に停泊した。洋館のまわりに集まっていた群集は、巡視船に満載されたレンガや石、土嚢を見てとると、先を争って荷降ろしに手を貸し、水際に積み上げげた。これで陸路も水路も完全に封鎖された。興奮しきった群集は、今度は停泊していたイギリスのボートに向かい、陸に引き上げて横倒しにした後、一斉に勝どきを上げた。

「夷館」は食料も水の供給も途絶えて二日が過ぎた。三日目の三月二十七日。ついに音をあげたエリオットは、「躉船」に保管されている阿片を残らず差し出すことを受け入れた。

三週間もかかった処分作業

一八三九年四月十二日。

林則徐は両広総督の鄧廷楨ら広東の高官多数とともに、広州から五十キロほど離れた海岸——虎門にいた。この地で、没収した阿片を処分することになっていた。処分の方法は塩と石灰による処理である。

水師の提督である関天培が、二十二隻の「躉船」から続々と陸揚げされる阿片の数量を精査した。陸揚げ作業は延々とつづき、五月十八日までかかった。最終的に没収された阿片は一万九千百八十七箱と麻袋に詰めたもの二千百十九袋があり、総重量は約千百八十八トンあまりに達した。

六月三日。この日の空は真っ青に晴れ上がっていたと、記録にある。

虎門の海岸は、朝からお祭りのようだった。沿岸には数十艘の水師の船団がずらりと並び、砂浜や丘の上には黒山の人だかりができていた。威勢のよいドラと太鼓の音が鳴り響き、爆竹がはじけて白煙をあげ、獅子や龍の形をした色とりどりの灯籠が吊り下げられた。

林則徐は、これまで阿片売買に携わらなかった外国人たちを招待していた。アメリカ・オリファント社のパートナーであるC・W・キング。アメリカ人宣教師E・C・ブリッジマン。『チャイニーズ・レポジトリー（澳門月報）』の元編集者W・S・ウェールズほか数人である。C・W・キングは夫人を同伴して出席し、林則徐と挨拶を交わした。

英語版の『カントン・プレス』が、その日に取材した記事がある。

林則徐は穏やかで快活だった……彼は年齢よりも若く見え、背が低く、ややがっしりした体格で、丸顔だった。真っ直ぐな黒い髭を生やし、黒い瞳が鋭かった。……一度、キング氏に「中国人行商のなかで、だれがいちばん正直ですか?」と質問されたとき、彼は即座に笑顔を向けただけで、だれの名前もあげることができなかった。


林則徐の風貌や態度を、率直な筆で好意的に描写しているが、彼が内心では行商をちっとも信用していないことを皮肉ったくだりも、なかなか面白い。


波打ち際に、約五十メートル四方の大きな穴が二つ掘ってあった。

穴の底には石板が敷かれ、側面は釘で板を打ちつけ、海岸に面した側に排水用の穴が開けられ、山側に水を注ぎ込む溝がついている。穴の周囲は木製の柵で囲まれていた。

運搬工が長さ約一メートル、幅約八十センチの阿片の入った箱を肩に担いできて、穴の傍に堆《うずたか》く積んでいった。石灰と塩も運んできた。まず山側の溝の仕切り戸を開いて水を満たし、塩だけを穴に放り込んだ。

これで準備は整った。いよいよ処分にとりかかるのだ。

午後、林則徐らが観閲台に登ると、コールタールと麻布で頑丈に梱包された阿片の箱がひとつずつ切り裂かれ、取り出した阿片が次々に穴へ放り込まれた。阿片はみずしぶきをあげて沈み、塩水につかって細かい泡をたてた。頃合を見計らって、今度は石灰を放り込んだ。

俄かに泡が立ち上った。ボコボコと大きな音を立て、水面が沸騰したように揺れ動く。真っ黒な阿片が塩水の中でのた打ち回り、おびただしい白煙が湧きあがった。煙は晴れ上がった空をどこまでも昇ってゆく。

夏も真っ盛りの季節である。人々は黒くのたうつ水面を食い入るように見つめ、白煙に目をしばたたかせながら、額や首筋に流れる汗を拭い、笠や農具を振り上げて歓声をあげた。

しばらくすると、穴の中の沸騰がおさまり、白煙も薄くなった。海側の仕切り戸が押し開かれると、阿片の溶けた黒い水が、勢いよく海へ流れ込んでいった。

阿片の処分は二十三日間にわたって、毎日つづけられた。六月三日に始まり、最後の阿片が処分されたのは、六月二十五日である。

その間、虎門周辺には屋台も出て、遠くの町や村から老若男女が集まり、祭りのような賑わいを見せた。

後日談になるが、一九四九年に中華人民共和国が誕生すると、虎門の阿片処分の雄姿は「歴史的偉業」として高く評価された。北京の天安門広場にある人民英雄紀念碑には、「虎門の銷烟」のモチーフが刻まれているので、読者が北京に行かれた際には是非一度ご覧いただきたい。

開戦前夜の緊張

もっとも、賑やかな虎門の日々にも、林則徐は決して浮かれていなかった。

彼は阿片の処分に立ち会う一方で、関天培を伴って虎門近くの南山や横檔砲台を視察し、防御態勢にぬかりがないか調べている。周辺の詳しい地形も頭に叩き込んだようだ。

外洋に注ぎこむ珠江の河口部は、複雑なリアス式海岸になっている。虎門の眼前には、大きく突き出た大角山と対岸の沙角山が、ちょうど対峙する格好で立ちはだかり、水幅が極端に狭まる。そのため珠江の水は激しくぶつかって急流となり、外洋へつながる穿鼻湾へほとばしるように流れ出る。いわば自然の要塞になり、広州へ通じる海防の第一関門に見たてられる。

虎門から広州までは約五十キロの距離があるが、途中には南山と蘆湾山がやや斜めに向かい合う形で位置し、河の中央に横檔山がどっしりと横たわっている。川幅はここでも急に狭まり、水流は激しさを増す。これが珠江の喉仏の役割を果たし、海防の第二の関門となっている。さらに珠江を遡ると、行く手を遮るように大虎山が水面に突き出し、峻険な峡谷を作り出す。第三の関門である。

外洋にいる外国船がもし広州へ攻撃を仕掛けようとすれば、どうしてもこれら三つの関門を通り抜けなければならない。その地形の模様を、林則徐は逐一自分の目で確かめて回ったのだ。

武力闘争はどうあっても避けられない――。

林則徐は、外国が手を拱いているはずはないと予測したにちがいない。

虎門で阿片の処分を果たした後、彼は速やかに兵力増強の準備に着手した。軍隊の再編成を実施し、命令の遵守を厳命し、阿片で賄賂をとっていた主要な軍人たちを罷免し、水師と陸師の軍事教練を強化した。虎門付近の古い砲台を修理し、新たに最新式の大砲を三百門設置した。快速艇の数を増やし、水路の関門となる要衝の地に配備した。また兵士たちに毒薬を配り、必要なときには泉や湧き水に毒薬を放り込み、敵が飲料水を確保できないようにせよと命令した。

関天培の提案で、南山と横檔山からなる河口部の最も狭まったところには、十メートルほどの太い鉄製の鎖を渡し、鎖に大きな板切れを結びつけて、外国の船団の侵入を遮断することにした。当時は広東以外の地では、海岸の防御は不十分だったため、林則徐は道光帝に手紙を書き、各地の海防を増強して戦闘準備にとりかかるよう上申した。

林則徐はさらに、船上に住む貧民や漁民、小作人の中から希望者を募って、五千人の志願兵団を編成し、戦闘方法と敵情視察の方法を教え込み、いざというとき、水師の作戦に協力できる体制をつくった。

エリオットはといえば、阿片が没収、処分されたことをイギリス政府に報告し、このような不埒な行いをする中国に対し、速やかに武力で懲罰を与えるべきだと訴えた。そして洋上に停泊しているすべての貿易船に対して、中国との貿易取引を断絶するよう通告したのである。

そして、阿片の処分から間もない七月七日――、事件がもち上がった。

イギリスの水夫が香港と目と鼻の先にある九龍半島の尖沙嘴《せんさし》という場所で、酔ったいきおいで土地の農民といさかいを起こし、殴打して死亡させたのである。林則徐は即座にエリオットに犯人を引き渡すよう書状を出したが、エリオットは引渡しを拒否し、イギリス女王の指示により、犯人の引渡しには応じられず、イギリス政府の法律に従って処罰すると回答した。

怒った林則徐は八月十五日、英国人に対する食料の供給をストップし、彼らのもとで働く中国人労働者を全員退去させた。

九月五日、いきり立ったエリオットは、軍艦と商船で編成した兵団を率いて、九龍山沿岸を守る水師へ攻撃をしかけた。戦闘は十時間続いたが、水師は打ち勝ち、イギリスの水夫たちの死体が海に漂った。

林則徐は外国人貿易商の分断作戦にかかった。正常の貿易に従事する貿易商には従来通りの貿易取引を許し、阿片を売買する貿易商に対しては厳しく罰する方針を打ち出したのだ。その結果、エリオットの指示に従わない貿易商が出てきた。

十月、一艘のイギリス船がエリオットに背いて貿易再開を申し込み、許可された。エリオットは怒り心頭に発したらしい。

十一月三日。そのイギリス船が取引のために、水師の出迎えを受けて入港しようとしたところ、エリオットは二艘のイギリス艦を蹴立てて突進し、イギリス船と水師の間に割り込んで、水師へ向けて発砲した。穿鼻湾の洋上で激しい銃撃戦が起こった。関天培は岬で仁王立ちになり、抜刀して水師を指揮した。水師の船上に備えた一千斤の銅の大砲が火を噴いた。二時間の激戦の後、エリオット率いるイギリス艦は形勢不利とみて撤退した。

翌四日から十三日にかけて、戦闘は六度にわたって繰り返されたが、いずれもイギリス側の失敗に終わった。

勝利の朗報は即刻、北京の道光帝のもとに知らされた。道光帝は大いに満足した。清朝政府の威信は大いに示されたのである。自信を持った皇帝は命令を発した。

すべてのイギリス船の貿易を禁ず――。

林則徐は命令に従い、一八四〇年一月、広州の港を封じて中英貿易を断絶することになった。

イギリスが大軍団を率いて広東沿岸に姿を現し、全面的な戦争に突入するまで、時間はもう残り少ない。

第六章　阿片戦争

ささやかな勝利

ずっと昔、『阿片戦争』という中国製の映画を見たことがある。小学校六年生の頃だったとおもう。当時通っていた横浜の中国人学校で、中国政府から寄贈された中国語の映画を、歴史の授業の一環として鑑賞した。

詳しい筋書きはもう忘れてしまったが、印象に残った場面がふたつあった。今でも時々鮮やかな色彩とともに思い出し、すると映画を見た時の感覚まで呼び覚まされたりする。こんな場面である。

どんよりした雲が空を覆い、眼前に広がる大海原は暗く沈んでいる。荒波が岩に当たって砕け散り、白いしぶきがあがる。丘の上では歩哨が行き来している。

ふと、ゴマ粒ほどの白い点々が水平線の彼方に浮かんだ。歩哨は目をこすり、双眼鏡を覗き込むが、なんだかわからない。白い点は少しずつ数を増し、次第に大きくなってくる。もう一度双眼鏡を手に取って両目に当てた。焦点が結ばれたとき、得体の知れない白い斑点は、突如白い帆をいっぱいに膨らませた船団と化した。

数千隻はいるだろうか。おびただしい数のイギリス軍艦だ。船体から太い砲身が突き出し、こちらを真っ直ぐ狙っている。帆が風をはらみ、ものすごいスピードで近づいてきた。真っ白な帆が鉛色の背景にくっきり浮かびあがった。

「イギリス軍だぁ！　敵の急襲だ！」

歩哨が大声で叫び、双眼鏡を捨てて駆け出した……。


無論、映画だから脚色は多く、事実とはだいぶかけ離れていたはずだ。だが、実際の阿片戦争も、虎門砲台の見張り番がイギリス艦隊の襲来を報告したのが、はじまりだったらしい。林則徐の指示で警戒していた広東水師は、急遽、戦闘態勢に入ったという。

一八四〇年六月のことである。

イギリス軍の編成は、軍艦十六隻、輸送艦二十八隻、武装汽船四隻からなり、合計で五百四十門の大砲を搭載し、兵力は四千人あまりだった。総司令官兼特命全権大使は、商務監督のチャールズ・エリオットの従兄で、ジョージ・エリオット少将である。穿鼻湾の戦いで敗北したチャールズ・エリオットは、全権副使に任命されていた。

さて、阿片戦争の開戦から約十ヶ月遡る頃のこと、林則徐が虎門で阿片を処分したニュースが伝わると、イギリスでは中国に実力行使を求める声が上がった。インドから運んだ阿片をことごとく処分された貿易商がイギリス政府に泣きつき、商務監督のエリオットも事態の詳細を報告した。

圧倒的な武力で中国を制裁し、その後に説得すべきだ——。

処分された阿片の損害を賠償させなければならない——。

そんな強硬意見が議会でも大勢を占めたにちがいない。

イギリスには反阿片協会という慈善団体がある。阿片の海外輸出は社会性に反するという持論の組織で、それを支持する議員もいたが少数派であった。議会は翌年四月に票決をとり、僅差ながら賛成票が多く、戦争遂行が決定された。

イギリス政府が大艦隊に指令した任務は、次のような内容だった。

珠江の河口部を封鎖し、舟山諸島を占拠する。北上して天津に達した後に、清朝政府を威嚇して五港の開放を要求する。関税協定を結び、処分した阿片の損害を補償させ、舟山諸島の割譲を認めさせる、等であった。

そして四〇年六月、勇んで出陣したイギリス大艦隊は、広東沖に達し、戦争の火蓋が切って落とされた。だが、イギリス軍は予想外の苦戦を強いられた。広州の虎門付近の海中に鎖と材木が山のように投げ込まれていたために、珠江へ進入することができなかったのだ。やむなく珠江の封鎖をあきらめ、攻撃目標を福建省のアモイへ変更した。だがアモイには元両広総督の鄧廷楨が、閩浙《びんせつ》総督（福建、浙江両省長官）に栄転し、待ち構えていたように応戦して撃退してしまった。

中国のささやかな勝利は、ここまでだった。

もともと国際貿易が盛んだった広東、福建両省は海防にも怠りなく、さらに林則徐が赴任して兵力を増強したため、警備が強固だったのである。それに比べて福建以北の沿岸都市はどこも海防が著しく弱体化していた。それは全盛期を過ぎた清朝政府が国庫の備蓄を保つために、ひたすら軍備削減を実施したせいであった。

七月初め、イギリス軍は北上して杭州湾の沖合にある舟山諸島を攻撃し、ほとんど抵抗も受けずに占領すると、前線基地を置いた。そして一気に天津まで海路を進んだ。

林の罷免、後任の背任

イギリス軍が天津の沖合に到達すると、道光帝は肝を潰した。天津は北京のつい目と鼻の先にあり、いわば首都の海の窓口だといっていい。ここまで間近に敵が迫ってくるとは、ゆゆしき事態である。朝廷では皇帝も朝臣たちも慌てふためき、上を下への大騒ぎになった。

鳴りをひそめていた「弛禁論」派が再び息を吹き返し、ここぞとばかりに、虚実とりまぜて道光帝に吹き込んだ。

「林則徐が取締りをやり過ぎたために、災いを招いたのだ」「イギリスが中国に戦いを挑んだのは、阿片を禁止したせいである」「林則徐はイギリス女王から届いた親書を勝手に握りつぶしてしまった」「イギリス艦隊は強力な大砲を備えているから、打ち勝つのは至難の技である――」などなど。

道光帝は動揺した。

もともと確固とした決意で厳禁政策に取り組んだわけではなく、厳禁論に押されて実施しただけだから、今、それが失敗したとなれば、撤回するのも容易だった。

道光帝は、「弛禁論」派の代表、琦善を速やかに天津へ派遣すると、イギリス軍との折衝に当たらせた。と同時に、林則徐を処罰する旨を、ジョージ・エリオットに通告した。

琦善はイギリス軍を天津沖から引き上げさせるために、あらん限りの甘言を用いた。今回の事態はすべて林則徐の不手際によるものであります。従って、彼を処罰いたしますので、一件落着いたします——。

エリオットは聞く耳持たずに冷笑し、舟山諸島の割譲と関税の自由化を突きつけた。平身低頭の琦善はのらりくらりと逃げつづけ、時間ばかりが過ぎていった。気がつけば、季節はもう九月中旬。間もなく冬がやってくる。厳冬の天津は港も近海も氷で覆われる。

ぐずぐずしていたら、船が凍りついて身動きできなくなってしまう——。

エリオットはそう恐れたにちがいない。談判は広東で続行すると言い残し、艦隊を率いて天津沖を離れた。

琦善は北京へ戻り、自分がいかにしてイギリス艦隊を退去させたかという苦心談を自慢げに報告した。道光帝は胸を撫でおろし、「琦善に功あり」と褒めたたえた。

九月十七日、道光帝は琦善を欽差大臣に任命し、広東へ派遣して引き続きイギリス軍との談判に当たらせることにした。

林則徐は欽差大臣を罷免され、閩浙総督の鄧廷楨もイギリス軍を撃破したことで左遷の命を受けた。

厳重だった阿片の取締りがなし崩し状態になった。

一八四〇年十一月二十九日、琦善を乗せた官船は広州へ到着した。

まず彼がやったことは、イギリス軍に対する謝罪であった。次いで林則徐の「罪状」を決定するために調査したが、なんら成果は得られなかった。彼はさらに、広東の軍事力の削減に取りかかり、兵船を三分の二に減らし、志願兵団を解散した。また虎門沖に沈められた鉄の鎖と材木の山を撤去し、イギリス軍のために水路を開けた。

広東水師の兵士たちから不平の声があがったが、琦善は聞く耳持たなかった。彼が重用したのは、かつてイギリスの買弁（外国人貿易商の使用人）をしていた鮑鵬《ほうほう》という男だった。鮑鵬は以前、林則徐が阿片の密売人として指名手配リストに名を挙げたほどのうさん臭い人物であった。広東における琦善の人望の無さがよくわかる事柄であろう。

十二月初め、談判は開始された。イギリス軍総司令官兼特命全権大使のジョージ・エリオットは急病ですでに帰国していた。イギリス代表になったのは全権副使のチャールズ・エリオットであった。琦善はまず鮑鵬を差し遣わし談判に当たらせようとしたが、広州では古株のエリオットは、昔の使用人である鮑鵬を相手にせず追い返した。

エリオットは琦善に向かって再び諸要求を突きつけ、損害賠償を求め、具体的に香港島の名を挙げて割譲を迫った。弱腰の琦善はほとんどすべての要求を受け入れたが、香港島の割譲は自分の一存で決定するわけにはいかず、道光帝に指示を仰がなければならないと答えた。怒ったエリオットは武力で威嚇した。

一八四一年一月七日早朝、イギリス艦隊は二千名の兵力で、虎門沖の沙角、大角砲台に奇襲を仕掛けた。

沙角、大角砲台の守備軍の兵員は五百名。副将の陳連陞《ちんれんしょう》はイギリス軍を迎え撃つ一方、琦善に伝令を出して援軍を求めた。だが琦善は援軍を送らなかった。

陳連陞は息子の陳挙鵬や兵士とともに必死で戦ったが、多勢に無勢だった。夜まで孤軍奮闘した末に、守備隊は弾薬が尽きて全員戦死した。上陸したイギリス兵たちも、砲台周辺に埋められていた地雷を踏んで、百名以上の犠牲者を出した。砲台を占拠したイギリス軍は陳親子の遺体を見つけると、激情にかられて内臓を抉り出し、五体をバラバラに切り刻んだ。

一月二十日、琦善はエリオットに降伏を申し入れ、密かに「穿鼻草約」を交わし、舟山諸島を返還してもらう代りに、香港島を割譲し六百万ドルの阿片賠償金を支払うことを約束した。

道光帝のもとに、イギリス軍が沙角、大角砲台を攻撃した急報が届いたのは一月二十七日だった。道光帝は激怒した。朝廷への最大の侮辱であると捉えたにちがいない。ようやく開戦の決断を下し、イギリスに対して宣戦布告した。道光帝は血族に当たる奕山《えきさん》を将軍として、各省の軍隊一万七千名を召集して広東へ向かわせた。

二月二十五日、道光帝は、琦善が勝手に「穿鼻草約」を交わして香港割譲を約束した事実を知った。領土の割譲は著しく清朝政府の威信を傷つけ、統治能力の無さを世間に知らしめることにほかならない。もはや道光帝の面子は丸つぶれだった。道光帝は即刻、琦善を罷免して北京へ呼び戻すとともに、奕山に対しては速やかにイギリス軍を排撃するよう命じた。

一方、清朝政府が宣戦布告したと知ったエリオットは、機先を制して虎門砲台を急襲した。

虎門砲台の関天培将軍は十五門の大砲を撃ち続けて防戦したが、圧倒的なイギリス軍の攻撃のもとで劣勢を強いられ、琦善に必死で援軍を求めた。広州を守備する水師や一般の人々からも、援軍派遣の請願の声があがったが、琦善はついに援軍を送ろうとはしなかった。二日二晩撃ち合った後、砲台を包囲された兵士たちは砲弾が尽き、刀剣でやりあった後、総勢二百人の大半が戦死し、三十人が自殺した。

私が子供時代に見た映画『阿片戦争』では、最後のほうでこんな場面があった。

勇敢な武将が岸壁の上に仁王立ちになっている。着物のような満州族の服を身につけ、髪は頭頂部を残して剃りあげ、うしろに長い三つ編みをさげた辮髪《べんぱつ》だ。私の目にはかっこう悪い姿に映ったが、妙に気迫があってりりしくも感じられた。カメラは彼の股の間から、沖に浮かんだ夥しい数のイギリス軍艦を捉えている。軍艦の大砲が盛んに火を吹き、地響きとともに岸壁に命中して土煙が上がる。その度に兵士の数人が断末魔の悲鳴を上げて吹き飛ばされる。だが武将はものともせずに丘の上で勇敢に指揮を取り、兵士を鼓舞しつづけた。

強烈な印象に残っているのは、その次だ。

激しい戦闘の末にイギリス軍が上陸した。武将は体を大きく反らせて右手を伸ばすと、背負っていた青龍刀を勢いよく抜いた。一振りすると「ビューッ」という音がした。敵と切り結ぶと、今度は「カーン！」という金属音がして、敵の手首が吹っ飛んだ。なんと長くて重そうな太い刀だろう。振り降ろしただけで、体ごと回転してしまうほど勢いがつき、刃先に触れた物はなんでも真っ二つになってしまいそうだ。

武将にとって、形勢は圧倒的に不利だった。彼は満身に傷を負い血みどろになった。最後に、彼は青龍刀を大きく振りあげて両手で捧げ持つと、刃先を自分に振り向けて首の左側に当てた。大きく息を吸い込み、勢いよく右へ引いた。血しぶきがあがった。

映画の画面が真っ赤に塗りつぶされた。

私は失神しそうになった。青龍刀で自害する痛みが伝わってくるようだった。その画面は脳裏に焼きつき、いつまでも消えない記憶になった。今おもうと、あれはきっと関天培将軍の最期を描いたものだったのにちがいない。

現在でも、広州市博物館には、虎門で火を噴いた三千斤の大砲が展示され、勇猛果敢に戦い、散っていった六十二歳の老将軍、関天培を描いた油絵がかかっている。イギリス軍が砲台を占拠する直前、最後まで生き残っていた三十名の兵士たちは、揃って井戸に飛び込んで自害したが、今でも井戸の底をさらうと、兵士たちの遺骨が出てくるのだという。

皇帝を裏切る血族

虎門砲台が陥落して五十日ほど後の四月十四日、奕山がようやく広東に到着した。彼の眼中には、イギリスよりも広東の水師や一般人のほうが「無頼の輩」として、危険な存在に映ったようだ。彼はイギリスに反抗する広東軍の勢力を削ぐことに熱中し、各省から集められた軍隊もクーデター防止のために再編成を加えて、上官と兵士が互いに見も知らぬ者同士にしてしまった。

外省兵たちの士気は低く、広州の住民たちから略奪をはじめた。奕山は兵士の歓心を買うために略奪を許し、日夜宴会を催しては賄賂を取り立て、戦闘準備も作戦も立てなかった。

一八四一年五月二日、林則徐は失意のうちに広州を去った。

道光帝は奕山からの吉報を待ちわびた。だが、一向に吉報が届かない。痺れを切らせた道光帝は催促した。

奕山は重い腰を挙げ、五月二十一日に僅かな戦いを仕掛けたが、すぐさまイギリス軍に打ち負かされ、広州へ撤退した。さらに追撃してくるイギリス軍を見ると、彼はあっけなく白旗を掲げた。五月二十七日、奕山はエリオットと「広州和約」を交わし、「穿鼻草約」の内容をすべて受け入れるばかりか、さらに、

（一）一週間以内に戦費損害賠償金六百万ドルを支払う。

（二）六日以内に清軍は広州から六十マイル以上立ち去る。

という二項目を受け入れた。

奕山は一万七千名の兵力を擁していたにも拘らず、わずか二千四百名のイギリス軍とまともに戦うことなく、あっけなく敗れたのである。

その後のことは、ちょっと信じられないほどの醜態である。なんと奕山は道光帝に対して、とんでもない報告をしたのである。

イギリス軍は大敗いたしました――。

戦費賠償金として支払った六百万ドルについては、「実は林則徐が損害を与えた阿片代金六百万ドルを、没収先の外国人貿易商たちに賠償しました」と言いつくろった。広州市内からの軍隊の立ち退きについても、「『匪賊』を追って近郊地区へ移動したのです」と説明した。

そして奕山はぬけぬけと告げた。「外国人貿易商たちは以前と変わらぬ貿易を求めているだけで、エリオットも何も要求しておりません」。

道光帝はなんの疑いもなく納得した。イギリス軍には十分な制裁を加えた。体面は保ったから、これで「善」としようと考えたらしい。

道光帝は奕山の勧めに従い、国際貿易を再開することに同意した。

紹興で痛飲する将軍

納得しなかったのは、イギリスである。

エリオットが交わした「広州和約」の報告を聞いたイギリスでは、不満の声があがった。香港の割譲はまだ正式に清朝政府の許可を得ていないし、賠償金も六百万ドルでは少な過ぎる。舟山諸島は調査後、貿易港としては不適格だと判明したが、イギリスの威信にかけて確保しておかなければならない。それをエリオットは勝手に返還してしまった。すべてはエリオットが無能だからだというわけである。

かくしてエリオットは罷免され、百戦錬磨のヘンリー・ポッティンジャーが起用された。彼は植民地政策にかけては四十年の経験をもっていた。

全権大使に任命されたポッティンジャーは、中国へ向かう直前、詳細な訓令を受けた。清朝政府が阿片貿易を正式の貿易として認め、イギリスの要求項目をすべて受け入れるまで、軍事行動をやめてはならないという強硬なものである。

その後の彼は、実に忠実に訓令を実行した。

一八四一年八月、ポッティンジャーは軍艦二十六隻、陸軍兵士三千五百名を率いてやってくると、まずアモイを攻撃して陥落させた。次いで九月、舟山諸島の定海を攻撃し、十月には鎮海を陥落させた。さらに三日後、なんの抵抗もうけずに寧波を占領し、残虐の限りを尽くして市内を残らず焼き払った。

四つの都市がつづけて陥落したことで、道光帝もようやく事態の深刻さに気づいた。

道光帝は十月、もう一人の皇族である奕経を将軍に、牛鑑を両江総督（江蘇、江西省長官）にそれぞれ任命して、数省の軍隊を召集して現地に派遣した。

だが、奕経もいい加減なことでは奕山に引けを取らなかった。

彼は北京を出発した後、進軍の道中を遊覧しつつ、各地で酒宴を開いて歌い踊り、十二月初旬に景勝地の蘇州に到着すると、軍費調達と称して一ヶ月も長逗留してしまったのである。

奕経はある日、夢を見た。記録によれば一八四二年一月のことである。夢のなかでイギリス軍がほうほうの体で船に逃げ込み、海へ出て行った。

翌朝早く、彼は興奮した面持ちで目覚めた。すぐさま随員に夢の内容を告げ、「これは吉祥の予兆である」と公言した。随員たちは一斉に喜びあった。

次いで、旅は紹興にさしかかった。かの地は紹興酒の名産地であるから、どうしても見逃すわけにはいかない。吉兆が現実のことになるのを夢見つつ、みなで痛飲した。

三月八日、奕経はようやくイギリス軍が待ち構える寧波に到着した。北京を出てから五ヶ月後のことであった。

これで進軍とはまったく聞いて呆れる。林則徐が二ヶ月ほどで北京から広東まで行ったのに比べて、奕経はその半分の距離に二倍の時間を費やした計算になるのだ。冗談もほどほどにしてもらいたい。

寧波での戦いは、言わずもがなである。

イギリス軍を甘く見た奕経は、軍隊を三軍に分けた。兵士に銃器を携行させず、軍刀だけを持参させて奇襲作戦に出ることにした。

それを察知したイギリス軍は、待ち伏せて激しい攻撃を浴びせた。清軍の兵士たちは散り散りになり逃げ去った。イギリス軍はその機に乗じて、慈渓、杭州を陥落させた。

腰を抜かした奕経は戦う気力を失い、浙江省の戦いはわずか一戦で終わった。

この浙江戦役と前出の広州戦役は、清軍としてはもっとも大量の軍隊を投じた会戦だった。どちらも総勢二万名の兵士を擁していた。これに対してイギリス軍は延べ一万五千名の兵力。艦船はわずか百隻で、遥か遠洋を航海してきて疲れ切った状態での戦闘だった。

冷静に考えれば、負けるはずのない戦いである。それにも拘らず、清軍は無策な指揮のもとで、士気の低い兵士が及び腰で戦い、惨敗した。

漁夫の利むさぼる列強

道光帝はようやく目が覚めた。覚めたときには遅かった。「弛禁論」の朝臣である耆英、伊里布を浙江へ派遣し、イギリス軍に和議を申し出た。

だが、イギリス軍は突っぱねた。

ポッティンジャーは宣教師からの情報を得て、長江流域の防備が緩いことを承知で、長江へ侵入する腹積もりであったのだ。

長江の下流地域は中国の穀倉地帯とよばれる豊かな地方である。大都市の南京は長江の要衝にあり、重要な交易地でもある。イギリス軍が南京を掌中にできれば、中国の息の根を止めたのも同然だから、清朝政府はきっと無条件で降伏するにちがいなかった。

ポッティンジャーの思惑は的中した。

一八四二年八月、数回の局地的な戦いの後、イギリス軍が南京を陥落させる寸前に清軍は降伏した。

八月二十九日、南京の下関に停泊したイギリス艦船の上で、清朝政府代表の耆英、伊里布と両江総督の牛鑑は「南京条約」に調印し、無条件降伏を受け入れた。この条約は、当時、南京が江寧と称していたことから「江寧条約」とも呼ばれている。

「南京条約」の主な内容は、次の通りであった。

一、香港島の割譲…四一年の「穿鼻草約」を交わした六日後、イギリス軍はすでに香港島を占拠していたが、それを正式に認めることになった。

二、巨額賠償金の支払い…処分した阿片の損害賠償六百万ドルのほかに、軍費一千二百万ドル、貿易損失金三百万ドル、合計で二千百万ドル（広州での軍費損害金六百万ドルを含まず）。

三、関税の自由化…イギリスと中国との間で行われる輸出入商品の関税は、中英双方協議の上で決める。

四、五港の開放…広州、福州、アモイ、寧波、上海の五港を通商港として開放し、領事をおく。補足の「虎門条約」で、五港における土地・家屋を外国人が租借し、居住する自由を与えることも追加。

五、自由通商…従来のように行商を通じた取引きに制限されず、いずれの中国人とも直接取引きできるものとする。

その翌年、「南京条約」の補足として、耆英とポッティンジャーは広東でさらに「中英五口通商章程」及び「虎門条約」を交わした。

「中英五口通商章程」では、領事裁判権（イギリス人が中国領土内で犯罪を犯した場合、中国に裁判権はなく、イギリスの法律によって審理される）を、「虎門条約」では、最恵国待遇（今後もし諸外国が有利な条約を中国と結んだ場合、イギリスにも自動的にそれが適用されるものとする）を、それぞれ一項目ずつ追加したのである。

これを知って、すぐさま行動に出たのはアメリカだった。

アメリカはそれまで表立った阿片貿易には加担せず、密かにアメリカ船にイギリスの密輸阿片を積み替えて運ぶに止まり、阿片戦争の間もひたすら静観の構えであった。だが、イギリスが勝利して「南京条約」などが交わされると、直後にアメリカから軍艦三隻を派遣して清朝政府に迫り、四四年七月、「望厦条約」を結んでイギリスと同じ待遇を獲得してしまったのである。

フランスもやって来た。フランスは四四年十月、広東の黄埔港に浮かべたフランス船の船上で「黄埔条約」を交わし、イギリス、アメリカ同様の厚遇を取得したばかりか、キリスト教の布教禁止令を廃止させて、布教の自由を獲得した。

アメリカもフランスも抜け目がない。漁夫の利とはこのことを言うのだろう。

それを見て、諸外国が殺到しはじめた。

ロシア、ポルトガル、ベルギー、スイス、ノルウェー……。

こうなると、蜜に群がるアリのようなものである。清朝政府は言われるままに、どの国とも条約を結び、特権を与えつづけた。国家が有する主権の多くが、もはや中国自身のものではなくなった。

中国は大きなパイになったのだ。たっぷり蜜の入ったアップルパイだ。甘いもの好きの欧米人には、たまらないだろう。諸外国はパイを腹いっぱい食べるために、互いに仲良く喧嘩せず、ゆっくり平等にパイを切り分ければ、よくなったのである。

第七章　日本にはなぜ蔓延しなかったのか

強国・清が負けて大騒ぎ

阿片戦争で中国が大敗したニュースは、すぐさま日本にも伝わった。ときは天保年間。江戸文化が爛熟期を迎えていた。鎖国時代のニッポンではあったが、長崎ではオランダ船や清国船が交易を行っていたために、風説書、つまり、海外事情レポートが徳川幕府にもたらされていた。

あの強大な清国が、イギリスに負けた——。

その事実に、日本は大きなショックを受けたようだ。西洋文明の高さと軍事力の強大さを痛感し、西欧諸国の矛先は次には日本へ向けられるにちがいないと、緊迫の度が一気に高まったはずだ。

阿片戦争の経過や阿片吸引の実態を伝える書物が続々と世に出て、阿片のおぞましさが広く伝わった。書物は侍の読む漢文ばかりでなく、町人のために絵入りやかな混じり文でも出版されて、阿片本の一大ブームが巻き起こった。あまりのフィーバーぶりに驚いた幕府は、「風紀を乱す」という理由で発禁処分にしたり、著者を投獄したりした。

よほどおぞましい描写があって、人々の好奇心や恐怖心を煽りたてたのだろう。

　これと同時に、西欧文明に関する広い知識も求められるようになった。『海国図志』が清国からもたらされ、翻刻されて出回るようになったのはこの頃だが、こちらは真面目一方の本である。『海国図志』は、西洋諸国の進んだ軍事や産業について詳述した大部の書で、著者は清国の学者で魏源という。

　さて、ここで、ちょっと思い出していただきたい。前章で、阿片戦争の矢面に立たされた清朝の政治家・林則徐をご記憶だろう。魏源はその林則徐の親友だったのである。

　林則徐は、欽差大臣として広東に赴任したばかりの時期に、外国の書物や新聞を翻訳させて、盛んに外国事情を研究した。それが阿片戦争勃発の責任を取らされて左遷されることになり、失意のうちに広東を離れて新疆へ向かうのだが、その途中、揚州で親友の魏源を訪ねて、広東で翻訳させた大部の資料を手渡し、魏源の手で世に出すことを委ねたのである。

　魏源が翻訳資料のひとつ『四洲志』をもとにして『海国図志』を出版したのは、林則徐が左遷された翌年の一八四二年のことである。その『海国図志』が、強い危機感を抱く日本へ入った。

ということは、『海国図志』が日本が西欧文明を理解し、積極的に吸収するための必読書となったのは、間接的にではあっても、林則徐の旺盛な研究心と努力の賜物であったともいえよう。歴史の巡りあわせとはいえ、意外なところで繋がっていて、ほんとうに面白い。

さて、西欧に関する知識と情報をもとに、日本は速やかに国防に着手した。印旛沼の疎水工事を進めたり、軍事訓練をおこなったり、さらには「異国船打払令」を取りやめて「薪水《しんすい》給与令」に政策を改めた。非武装の外国船が日本へやってきた場合、無闇に追い払うだけではなく、求められれば薪水と食料を支給するという、懐柔策を打ち出したのである。だが、残念ながら、どれも役には立たなかった。

肝心の西欧諸国がなかなかやって来なかったからである。

アメリカの巧みな脅しと親切

日本のドアを叩いて最初に開かせたのは、日本ではどなたもよくご存知の、アメリカの「ペリー来航」である。ときは一八五三年六月。

「太平の眠りをさます上喜撰、たった四杯で夜も寝られず」

上等な煎茶とアメリカの近代的な蒸気船をかけ言葉で皮肉ったこの狂歌は、あまりにも有名だ。四隻の黒船が浦賀へ来航し、大砲をドカンと数発撃ったことで、度肝を抜かれた日本人は夜も眠れないほど衝撃を受けたという。

幕府は江戸のお膝元まで外国船が迫ったことに脅威を感じ、翌年「日米和親条約」に調印している。

そして一八五六年、条約に定められた「両国政府に於てよんどころ無き儀これ有候模様により……」という部分を都合よく解釈したアメリカは、日本駐在の総領事としてハリスを派遣してきた。

ハリスは将軍と対面してアメリカ大統領の親書を直に手渡すことを求め、日本に迫っている「重大な危機」について詳しく教えましょうと、告げた。

「重大な危機」とは、いったいなんだったのか。

ハリスは言う。

「イギリスはペリーが来たときよりも強大な艦隊をしたてて、日本に侵攻することを決定しています」「イギリス艦隊は江戸以外の土地で交渉することを拒否しています」

「イギリスが求めるものは、日本の完全な開国なのです」「開国が武力でなされるか平和になされるか、それは日本の態度次第ですよ」などなど。

そしてハリスは、この「重大情報」は自分が香港で総督のジョン・ボーリングから直接聞いた信頼性の高いものであると告げた。

将軍に面会した翌日、老中の堀田正睦《まさよし》に対面したハリスはさらに、イギリスはアメリカにも清国との戦争に参加することを求めたが、アメリカは固く拒否したことなどを綿々と説明した後、「ここで日本がアメリカと通商条約を結べば、今後もしイギリスが侵攻してきた場合、喜んで仲介の労をとりましょう」と提案した。

まあ、脅しと親切の押し売り、といったところである。

日本はアメリカの誘いに応じるかたちで、二年後の五八年、「日米修好通商条約」を結んで、横浜や長崎を次々に開港した。「日米修好通商条約」は、今から見ればかなり不平等な条約ではあったが、天皇の居住地で攘夷派が大手を振っている京都と、徳川幕府のある江戸（東京）に、直接アメリカ人が入り込むのを防いだ点だけを見ても、国益をかけて実に粘り強く折衝に当たっただろうことがうかがわれる。

もっとも、この間もその後も、イギリスは攻めてこなかった。

ということは、「イギリス脅威論」は、アメリカのでっちあげで、日本に開国させるための陰謀だったのだろうか。さらに驚くべきことに、神奈川沖に停泊したポーハタン号でハリスと下田奉行の井上清直、目付岩瀬忠震《ただなり》との間で結んだ「日米修好通商条約」の第四条には、「……阿片の輸入厳禁たり。もし亜墨利加《アメリカ》商船三斤以上を持渡らば、其の過量の品々は日本役人是を取上べし」と、書かれているのだ。

アメリカの商船がもし医薬用に認められた阿片許容量の三斤以上を持ち込もうとすれば、日本は没収してよいという意味だが、奇妙なことに、この条項は日本側から出した条件ではなく、アメリカが進んで言い出し、条項に明記した部分であったのだ。それはいったいなぜだったのか。アメリカは阿片がきらいだったのか、それとも日本に好意的だったのか。あるいはもっと別の深い意図があったのだろうか。

ペリーはどこを通ってやってきたのか

ちょっと視点を変えると、その謎を解くヒントが見えてくるかもしれない。

ペリーが初めて浦賀へ現れたとき、彼はいったいどこから日本へやってきたのだろうか。

私自身、中学校の教科書で習って以来、今まで一度もそんなことは考えたことがなかった。それが今回、本書を書くに当たって色々調べていたら、ハッとする事実に突き当たった。ぼんやり者の性分は子供時代のままで、反省させられることしきりだ。

実は、ペリーは、香港からやってきたのである。

彼は一八五二年に乗り慣れたミシシッピー号でアメリカ東海岸のノーフォークを出発し、大西洋を越えてアフリカ南端の喜望峰を巡って、インド洋を経て中国へ向かった。そして香港で停泊して、日本へ乗り込むための大艦隊を整える予定だった。

ペリーはきっと、日本デビューを華々しく飾りたかったのではないだろうか。威容を誇る大艦隊で格好よく現れた彼を見れば、それだけで日本は恐れ入ってしまうはずだったからだ。

ところが、彼の夢はあっけなく破れた。戦艦が次々に故障して整備が間に合わず、船の数が足りなくなってしまったのだ。用意できた艦船はたったの四隻。きっと内心で舌打ちしたことだろう。出発前にはイギリスに仁義を切って、日本行きの計画を告げて、了解をとることも忘れなかった。かくしてペリーは四隻の〝ショボクレ艦隊〟を率いて、侘しく日本へやってきた。

たった四隻の艦船で、ドカンと数発大砲を撃ってみた。と、その効果は、ペリーの予想を超えたものがあったのだ。狂歌にもあるように、日本は度肝を抜かれて夜も眠れないほど右往左往してしまったのである。それだけアメリカの海軍力が勝っていたことはまちがいない。

ペリーが香港からやってきたと知ったとき、私は歴史の面白さを再び実感した。なぜペリーは香港に寄らなければならなかったのか？　それは、この時点で日本まで行くには、大西洋―喜望峰―インド洋を通る航路しかなかったからである。そして、この航路は、ほとんどがイギリスの勢力下にある地域を通らねばならないのだ。その不利さを、ペリーは実感したに違いない。第一次世界大戦の約六十年前、イギリスとアメリカの力の差は、まだまだ相当あったということになる。

ただ、当時の香港も、阿片戦争後、イギリスによる開発が始まったばかりで、良港ではあったが、街としては発展途上で、魅力に乏しいところだったようだ。

ペリーが香港を経由しなければ日本に来られなかった時点というのは、その後、世界の「勢力地図」が塗り替えられる分岐点だったような気がするのだ。日本にとっては、危うく阿片の災難を免れられる「幸運の出発点」でもあった。

中国に釘付けのイギリス

さあ、このあたりから、今まで中国大陸と日本に釘付けだった視点を一度離して、もっと遠くから、地球規模で眺めなおしてみることにしたい。海流が地球のどの海とも繋がっているように、世界各国で起こる一見なんの関係もないような動きが、予想外のところで作用し合っているのが、よくわかる。

まず、日本に攻めてこなかったイギリスを見てみよう。

イギリスは日本に侵攻し、阿片を大量に持ち込んで日本人を阿片漬けにするつもりはなかったのだろうか？　いや、実は大いにその気があったのだ。

一八四三年、阿片戦争に勝ったばかりのイギリスは、それまで以上に阿片を堂々と清国へ輸出できるようになった。そして二年後、イギリス議会では日本へ艦隊を派遣する決定がなされた。

だが、勝利したとはいえ、中国各地、とくに広東の武装した民衆による抵抗運動には手を焼いていた。清国政府との間でも、合意した条約の翻訳上の食い違いによって、進出地域問題でトラブルが発生した。清国国内で太平天国軍の反乱が拡大しつつある中、さらにアロー号事件が発生した。

一八五六年のことだった。広州でイギリス商船アロー号の臨検問題から起こったトラブルは、清国とイギリス、フランスの間で再び戦争を引き起こした。最終的にイギリス・フランス軍が北京へ入城し、「北京条約」を結ぶことで決着したが、この事件は第二次阿片戦争とも呼ばれ、イギリスにとっては本腰を入れるべき時期であった。

イギリスはヨーロッパでも難問を抱えていた。一八五三年、ロシアとオスマン・トルコ両国が聖地エルサレムを巡って戦争に突入した際、イギリスはフランスなどとともにクリミア半島に出兵した。パリで講和条約を結んで戦争が終結した五六年までの間、イギリスはロシア艦隊を警戒するあまり、清国に駐留させていたイギリス艦隊を貼り付け状態にしたまま、どうにも動かすことができなかったのである。

そんなこんなで多忙を極めていたために、つい日本侵攻の計画がうやむやになってしまった。イギリス人貿易商の有力者たちが、日本との交易に気乗り薄だったこともある。資源の少ない国なので魅力的な商品が見当たらないというのが、その理由だった。

ということは、日本にとってはもっけの幸い。風が吹けば、桶屋がもうかる。知らぬ間に、災難を免れていたということになる。

いや、イギリスも日本へやって来たのは確かである。一八五四年にイギリス東インド艦隊司令長官のスターリングが長崎へやってきた。目的はクリミア戦争で日本が中立の立場をとるよう確認するためだった。

ところが日本はうかつにも来日の意図を勘違いし、半年前にアメリカと結んだ「日米和親条約」を下敷きにして、さっさと「日英和親条約」を結んでしまったのである。これにはさすがのスターリングも面食らったにちがいない。

というわけで、イギリスは日本へ攻め込むチャンスを、時間的に逸してしまった。アメリカはイギリスを中心としたヨーロッパ諸国が多忙を極めていた間に、日本へやってきた。いわば、ドサクサまぎれの早業だったのである。

ペリーもハリスも香港でイギリスに一言断ってから日本へやってきたのは確かだし、イギリスとしては「まあ、アメリカを先にやって、様子でも見てやろう」というほどの気持ちだったのではないだろうか。

太平洋航路で劣勢挽回

それでは、なぜアメリカは日本と条約を結びたがったのか。

資源が少ないのは百も承知だったろうし、阿片を輸出しない条件では、まるで儲かる商売にはならないはずだ。だが、アメリカにはまたアメリカのお国の事情があったのである。

アメリカはイギリスから独立を勝ち取って以来、広大な大陸に住む原住民と戦いながら、西へ西へと開拓を進めて領土を広げていった。そして一八四八年、メキシコ戦争によって、カリフォルニアを奪って領土とした。しばらくしてカリフォルニアから金が発見されたことで、不毛の土地に山師が殺到して開拓ブームに拍車がかかり、結果的に人口が増え、開発が進んだ。東海岸の十三州から始まったアメリカ国家は、西海岸まで達したことで、ついに巨大な大陸横断国家となることができた。

こうなると、それまで東海岸の先、つまり大西洋を挟んだヨーロッパばかりに気を取られていたものが、必然的に西海岸の先、つまり太平洋へも目が向くようになった。太平洋を挟んだ極東の国々が、突如として身近な存在に感じられた。意識の大転換である。中国はもはやアフリカの喜望峰を巡ってはるばる行き着く極東の国ではなく、太平洋の海を直線距離で結ぶ隣人国家になったのだ。

一八四八年、アメリカの下院議会で海軍委員のキングは、太平洋岸から上海、広東へ行く汽船航路の開設を勧告した。

ここでちょっと、イギリスとアメリカの対中貿易を比べてみよう。キングが議会で勧告した四年前の一八四四年、イギリスが中国と行った貿易は千八百万ドルの大幅黒字なのに対して、アメリカは五百三十六万ドルの赤字である（『日本開国史』石井孝著、吉川弘文館より）。

この差はいかにも大きい。中国市場で圧倒的優位を占めるイギリスに対して、アメリカが起死回生をはかる唯一の道は、中国への直行ルートを開設することである。

阿片についても、アメリカは考えたにちがいない。

イギリスはインド産の阿片をインドから中国へ運んでいるが、アメリカはアフリカ経由の長期航路の途中、ペルシャに立ち寄って阿片を購入し、中国まで運ばなければならない。これでは時間もコストもかかり、とうてい「分」が悪い。

もし太平洋航路が実現すれば、ペルシャ経由で阿片を購入することはできないが、阿片の代わりにメキシコ産やアメリカ産のタバコを輸出できる。そして東にも西にも貿易をすることで、資源豊かなアメリカは国家の財源を確保し、発展していける。

建国以来、ピューリタンが多数を占めるアメリカの理想主義や宗教観からすれば、

「毒薬」で儲けるのは多少なりとも自己欺瞞の感があり、大いにプライドが傷つくことだったのかもしれない。

とにかく、早急に太平洋航路の開設が望まれた。

当初、日本は太平洋航路の寄港地のひとつとして捉えられた。だが日本を理解するにつれて見方も変わった。日本は人口も多く、独自の高度な文明をもち、手工業が進歩し、産業も発展している。勤勉で実直な大人しい国民性だから、平和的な交渉をつづければ、貿易ができるのではないか。ペリー来航以来のアメリカが観察した日本とは、おそらくそんなところだったのではないだろうか。

結果は、御覧の通りである。

アメリカのハリスが日本と「日米修好通商条約」を結ぶと、次いでイギリスも全権代表のエルギンがやってきた。エルギンは下田でハリスと会見し、「日米修好通商条約」の写しをもらい、ほぼ同じ条件で「日英修好通商条約」を結んだ。ロシア、オランダ、フランスも同様の条約を結んだ。「阿片の持込禁止」はそれらに共通するものだった。

日本はついに阿片を押し付けられなかったのである。

アメリカが真っ先に日本へやってきたのは、日本にとって「幸運な出会い」だっただけではない。阿片とは切り離して、欧米の高度な文明の優れたところだけを吸収する未来を約束されたことでもある。それに引き換え清国の場合は、初めて触れた西欧諸国がまず阿片を持ち込んだうえに、一八五八年に阿片が合法化され、貿易取扱上の名称が「阿片」から「洋薬」に変わったことによって、「西欧文明イコール洋薬（阿片）」という印象が強く、それがどうしても拭いきれなかった。

もっとも、いざ、通商条約に基づいて日本との貿易が開始されると、優勢に立ったのはアメリカではなくイギリスだった。アメリカは直後の一八六一年、奴隷制をめぐって南北戦争が起こり、太平洋航路どころの話ではなくなってしまったからだった。

いずれにしても、アメリカは太平洋航路を開設したことで、それまでのヨーロッパ中心の「世界勢力地図」を大きく塗り替えて、世界の先導者へと踏み出すきっかけを摑んだのである。それは、その後のアメリカの動きを見ればわかる。一八九八年、ハワイを併合し、米西戦争に勝利しフィリピンとグアムを手に入れるなど、太平洋に着実に勢力を拡大していくのである。

若き維新政府も必死だった

さて、日本に再び注目してみよう。

幸運にも、世界が多忙を極めていたおかげで、日本は清国のように武力侵攻されることもなく、阿片を大量に押し付けられる事態も免れた。そうはいっても、開国すれば外国人の往来が増え、阿片も入ってくるのは必定だった。それを日本はどうやって食い止め、国民を阿片中毒から救うのか。それが差し迫った課題であった。

そもそも日本には阿片が存在しなかったのだろうか。いや、かなり以前から存在していたらしいのだが、実態はよくわからない。江戸中期まで、日本で阿片中毒が社会問題になったことはない。しかし日本国内で阿片の生産が行われ、薬用として使われていたことは確かである。

日本で阿片はもともと「津軽」と呼ばれ、痢病などに効果があるとされた。商品名として「一粒金丹」、「如神丸」、「一粒丸」などがあった。阿片戦争直前には、大坂の薬問屋の雇い人が実家のある摂津の国でケシ栽培を始め、やがて大坂近郊農家にも広がったが、いずれも薬問屋が薬用として売るのが目的だったらしい。

それが、日本が開国して国際貿易が始まると、欧米人が横浜や神戸、長崎にやってきた。先陣を切ったのはジャーディン・マセソン商会やデント商会などである。彼らはコックや使用人として清国人を連れてきた。その清国人が個人用に阿片を持ち込むようになり、深刻な問題になったのである。

長崎の新聞「崎陽《きよう》雑報」（慶応四年八月）には、「阿片で遊女死す」と題して、こんな記事が掲載されている。

在崎の支那人共、生阿片膏を日本人に売ることおびただしく、これを服して死する婦人四五輩に及べり。一人は丸山の芸者にして、元は小ハマと云い、すこぶる全盛の名あり……当年二十三歳位……一人は遊里の組頭を勤めたる中村金左衛門と云う者の後家なり……今一人は同所筑後や松崎と云える遊女にて、当年わずか十五歳なり……

慶応四年は一八六八年で、明治元年でもある。前年には大政奉還があり、王政復古の大号令が叫ばれ、この年に入って鳥羽伏見の戦いがあった。維新の激動のさなかに、長崎の新聞に掲載された報道なのである。阿片がらみの事件が、いかに注目されたかがよくわかるだろう。

阿片戦争直後から、日本を席巻した阿片本フィーバーの興奮がいまだ冷めやらない時期である。阿片はひたすら「おぞましいもの」だという認識も定着していた。長崎の事件が発端になって、阿片を平気で喫煙する清国人に対する嫌悪感が広がった。


明治政府は、阿片の扱いには頭を悩ませた。

外国から密輸される阿片は絶対に食い止めなければならない。だが、国内でも阿片は製造されている。もし国内阿片を放置したまま外国阿片の輸入禁止措置をとったら、諸外国から文句が出るに決まっている。

ならば国内産も外国産もすべて政府が買い上げ、いっそ専売制にしてしまおう――。

その第一歩として一八七〇（明治三）年、日本で初めての阿片取締令の「販売鴉片烟律」と「生鴉片取扱規則」が制定された。

明治政府が発足してわずか三年目のことである。この時期なら、もっと他にもやることが沢山ありそうなものだが、明治政府はとにかく阿片の取締りを優先させた。

この時期の明治政府の実行力は、まことに眼を見張るものがある。

専売制にしようと決定して後、国内産の阿片の実態調査を綿密に行った。そして正確な数字を睨みつつ買入価格を決定した。その一方、水際作戦で外国から密輸される阿片を食い止め、知恵を絞って諸外国と折衝し、なんとか阿片の専売制を認めさせた。

なぜ、それほど必死で阿片の侵入を食い止めようとしたのだろうか。その理由を私なりにつらつら考えてみた。

清国の敗北を目の当たりにして、日本は近代化が大切だと深く肝に銘じたことだろう。清国は律令制度が長くつづき、政治が硬直化して官僚が腐敗した。外部の先進技術を学ぶ柔軟性を失ったために西欧文明の侵食を食い止められなかった。キリスト教もしかり、洋薬扱いされた阿片もしかり。軍事技術も劣っていたため戦争に負けてしまった。

西欧の先進諸国から、いかにして日本を守り通すか――。

それが明治ニッポンの大きな命題だったはずだ。

軍事、文化、社会のすべてにおいて近代国家にならなければならないという結論にたどりついた時、ふと阿片で骨抜きになった清国の情景が眼前に現れたのかもしれない。国民が阿片に溺れて健全な生活を営めなくなったら、国は内側から腐りはじめる。明治政府はそれを恐れたのではないだろうか。
政治家たちはまだ年若く、無鉄砲だが情熱的で、国づくりの強固な意志をもっていた。

ここでちょっと、明治維新にまつわる有名人たちの満年齢を見てみよう。明治政府が発足した一八六八年当時、彼らはいったい何歳だったのだろうか。
伊藤博文　明治憲法を制定した中心人物で初代首相。二十七歳。
木戸孝允（桂小五郎）　参議の要職を務め、版籍奉還、廃藩置県に尽力。三十五歳。
岩倉具視　公家。条約改正交渉の欧米使節団を引率。四十三歳。
江藤新平　司法卿として改定律例を制定。三十四歳。
西郷隆盛　戊辰戦争で江戸城を無血開城。陸軍大将、参議。四十一歳。
さらに挙げれば、
高杉晋作　明治政府発足の前年、二十八歳で病没。
坂本龍馬　明治政府発足の前年、三十二歳で暗殺。
皆、なんという若さだろう。
よく「明治政府は二十代が作った」と言われるが、それほど若くはないとしても、政治家としては格段の青年、壮年揃いである。躍動する若さと情熱で、国づくりを真剣に考えたとき、阿片は武力攻撃にも匹敵するほどの「強敵」だと感じたのかもしれない。

もっとも、いくら政治家が理想に燃えていても、政策だけで阿片の蔓延を防ぐことは難しい。日本に阿片が広まらなかったのには、ほかにも色々な理由があるはずだ。

真っ先に思い当たるのは、日本人の特性だろう。実直で働き者が多いのはだれもが認めるところだが、明治時代ならまだ質実剛健を旨とし、節約と正直を心がける社会気風がしっかり根付いていたはずだ。おまけに江戸時代から「読み書きそろばん」が普及していて教養も高い。気候風土が温暖な日本では、中国のように昼寝の習慣がないから、昼間はひたすら働くか、勉強に没頭するような社会が出来上がっている。

それに加えてもうひとつ、明治時代の日本が貧乏だったことも、むしろ逆に幸いしたのではないだろうか。貧乏な国の貧乏な国民は、いくら働いても生活の糧を得るのは大変だ。食べるために必死で働けば、昼寝をする暇もなく、阿片を買う金や余裕もない。貧乏から脱するためには、やる気と向上心を持たざるを得ないのである。

近代化を目指す国家の政策と国民の特性、それに社会状況がぴったり重なったとき、相互に影響しあって良好な作用を果たし、健全な時代を生み出したのにちがいない。

　日本が阿片の流行を阻んだ大きな理由は、この相乗効果があったからに他ならないと、私にはおもえるのである。


　とにかく、明治政府は真正面から阿片と向き合い、必死で密輸を食い止めて国内への侵入を防いだ。政治家たちは専売制の成功を喜び、自信をもった。専売制が予想外に儲かったのも事実だった。

　だが、過剰な自信は禁物だ。強すぎる自負心は往々にして傲慢に通じるものである。儲かる阿片の専売制に味をしめた日本は一八九五（明治二十八）年、日清戦争に勝利して台湾を初めての植民地にすると、植民地経営の安直な財源確保を求めて、再び阿片の専売制に着手する。

　さらに次の時代になると、日本は中国の東北地方を占領して満州国を建国し、財政収入の重要な柱として、台湾で成功した阿片の専売制を躊躇なく採用することになるのだが、それはもう少し後のことである。

卑近な例えだが、「いじめられっ子」にならない秘訣をご存知だろうか。「いじめられっ子」にならないためには、先に「いじめっ子」の仲間に入ることである。そうすれば、いじめられることはない。

誤解をおそれずに言うならば、日本と阿片の関係についても、この道理が成り立つのではないか。つまり、明治時代はともかく、その後も日本に阿片が侵入しなかった潜在的な理由として、日本自らが植民地を支配し、阿片を生産・販売する側に回ったことである。

国づくりの情熱にあふれた明治政府の政治家たちの視界には、そんな未来の道が見えていたのだろうか。

第八章　悪魔の密約

最新流行と糞尿の上海

ひなびた漁村だった上海は、南京条約による開港で、一夜にして大都会になった。イギリスが建てた高層のブロードウェイ・マンションは、呉淞江に面した風光明媚な一等地を占めた。黄浦江沿いのバンド公園は白い石畳が美しく、夏の夕涼みにうってつけだった。十八世紀ゴシック建築の銀行ビルは総大理石張りで人々の目を引き、緑の芝生が広がるフランスの社交クラブには大きな室内プールとダンスホールがあった。そこには毎夜、着飾ったヨーロッパ人たちが集い、ワイングラスを片手に笑いさざめいた。

上海にいれば、旨い洋食には事欠かない。バターの香りが立ち込めるレストランが無数にあり、トーストが下敷きになったイギリス式オムレツも、八時間煮込んだフレンチ・オニオン・スープも、血の滴るような分厚いステーキも堪能できる。

「上海では、世界の最新流行のファッションがすぐわかるの。流行の発信基地パリからイギリス、そして上海へと瞬時に伝わるから。東京とは最低一ヶ月の時間差があったのよ」

少女時代を上海で過ごした女性は、なつかしそうに回想した。欧米の阿片商人たちを中心に外国人定住者が増え、外国租界は異国情緒にあふれた町になったのだ。

人口は急増した。阿片取引によるバブル景気が活況を呈し、近隣の江南、蘇北地区から職を求める人々が、上海になだれ込んだ。

上海が開港したばかりの一八四二年の人口は二十万人だったが、一九〇〇年前後には百万人になり、一九三〇年までに三百万人に膨れ上がった。イギリスその他の国からなる共同租界では、九十%が中国国内の移住者で占められ、フランス租界の人口も五万人から四十五万人へと爆発的に増えた。だが、それに伴う弊害も大きかった。ファッションについて語った女性は、こんなことも言う。

「朝起きて、すぐに窓を開けたらダメよ。死体が通りに転がっているから。リヤカーを引いた処理人が死体を回収してまわり、糞尿の処理も終わる八時過ぎになって、やっと窓を開けられるの」

急成長した都市には、職にあぶれた人々が物乞いになり行き倒れになる風景が、もはや日常のものになりつつあった。

人口が密集した上海のアパートにトイレはない。家々のベッドの横に備え付けられた朱塗りの木製の桶が便器として使われるのだ。

毎朝、各家庭では複数の木桶を家の門口に出しておく。糞尿処理業者がやってきて、リヤカーに積んだ大きな樽に木桶から糞尿を移し、運び去る。あとは家の者が水で木桶を洗い、洗った水はそのまま道端に捨ててしまう。だから街はいつも糞尿の臭いが立ち込めている。

糞尿処理業者の大元締めは、人々から「桂姐《クエイジエ》」（京劇にでてくる厚化粧のやり手の女）と呼ばれる中年の女性だった。上海中の糞尿処理を一手に握る会社を経営し、「糞尿大王」の異名をとるほど凄腕の女経営者だが、それは彼女の夫である黄金栄が、秘密組織「青幇《チンパン》」の大ボスの一人だということと関係している。

黄金栄は背が低く、ずんぐりした男だった。頭が大きく、どんぐり眼で、唇が厚かった。おまけに顔中に水疱瘡の跡があり、「あばたの黄」と呼ばれた。表向きの仕事はフランス租界の巡捕房（警察）に雇われた巡査であった。「青幇」のボスが巡査を職業にしているとは、なんとも奇妙な気がするが、それについては後にご説明しよう。

秘密結社「青幇」

　ここでは先ず、「青幇」についてご紹介しておこう。「青幇」は普通、中国のマフィアだと言われているが、実際にはどんな組織なのだろうか。

　二十世紀前半の中国では、「青幇」は大々的な秘密結社のひとつであった。「青」は色彩の「青色」を指し、「幇」は「幇助」、「援助」という意味のほかに、「集団」とも解釈され、「同業者組合」などの意味にもなる。

「青幇」の歴史は古く、発祥は十八世紀にまで遡るといわれるが、実はよくわからない。有力な説としては、大運河の航行に従事した船乗りたちが、民間宗教の「羅教」を信仰して、水運の安全を祈願し、互いに助け合うようになったのが始まりだという。一八五五年に黄河が大氾濫に見舞われて河の流れが大きく変わると、大運河の航行が途絶して、数十万人もの船乗りや沖仲士が失職した。彼らの一部は蘇北地区の賊軍である捻軍や幅軍、江南の太平天国軍などに流れ込んだが、大多数の失業者たちは地場の特産品である塩を自ら作るようになった。

　塩については以前にも書いたが、清朝政府の重要な財源で専売制がとられていた。なかでも蘇北地区を含む淮河《わいが》流域一帯は、全国に十二区ある管理地区のうちでも最大規模を誇る名産地である。

闇の製塩業者となった失業者たちは新たに互助組織の「安清道友」を作った。やがて湖南、湖北、長江流域に勢力をもつギャング「哥老会」と融合し、湘軍に加わって捻軍を撃退した後、蘇北、江南地区を支配する勢力になった。「安清道友」のメンバーは船乗り、沖仲士、強盗、匪賊、博徒、浮浪者など約一万人を数え、闇塩を輸送する小船を七百隻も所有していたという。二十世紀前半に勢力を伸ばした「青幇」は、この「安清道友」が三派に分かれたうちの一派だとされている。

「青幇」は、ピラミッド型の組織ではなく、欧州中世のギルドにも似た、人と人との個別の緊密な関係である。「親分・子分」や「義兄弟」の契りを結ぶことでは、日本の伝統的なヤクザに通じるところもある。この緊密な関係は「親」と「子」を最小単位として、さらに「孫」や「曾孫」に相当するような縦の関係を生み出す。また同時に、複数の縦の関係が互いに連携して、ゆるい横の繋がりを保ち、巨大なネットワークを形作っている。日本のヤクザと最も異なる点は、ネットワークはあくまでも「親」と「子」の最小単位の集まりであり、それ以外の関係は比較的緩やかなことだろう。従って、頂点に立つボスは一人ではなく、複数いることになる。

秘密結社「青幇」に入会するには、仏教徒のような厳粛な儀式を経て、「仁・義・礼・智・信」の徳目を守り、「親分」と定めた人物と生涯にわたる契りを結ぶことを宣誓する。もし契りに背いたり掟を破ったりした場合は、処刑されることも覚悟しなければならない。

「青幇」のメンバーには、ある種、栄誉の称号のような「身分」の区別があり、徳の高さや人望の有無、入会経歴の期間などによって決定される。当初は、「大字輩」「通字輩」「悟字輩」「学字輩」の四段階に分類されていたが、時代を経て「二十四輩」に細分化されるようになったという。

「輩」は、世代や親等の点から見た一族内の長幼の順序を指しているが、血族でなくとも、代々親戚づきあいをしている間柄でも使われる。四段階に分類されたうちの最高位である「大字輩」なら、「大」の文字を用いるほど徳を積んだ年長の者ということになるだろう。「通字輩」の「通」は物事に通じているとか、特に優れているという意味であり、「悟」は文字通り、悟ることである。最下位の身分に「学」を用いるのは、「学生、学徒」などと使われるくらいだから、入会早々の者で、徳を学んでいる最中だという意味だろう。

徳の高さや仁義を重んじる在野の集団というと、中国の有名な大衆小説である『三国志演義』や『水滸伝』をイメージされる方も少なくないだろう。事実、阿片あふれる上海の街で幅を利かせた「青幇」のグループの名称には、「大八股党」「小八股党」「三十六股党」など、『水滸伝』に登場する名がぞろぞろ出てくる。どれも闇阿片の強盗団なのである。もっとも「青幇」が勢力を誇ったのは一九二〇年以降のことで、それ以前、つまり一八四二年に阿片戦争が終わり、上海が開港した頃には、別のマフィアの「紅《ホン》幇《パン》」が幅を利かせていたのであった。

最初は「紅」が強かった

上海には、もともと広東や福建出身の沖仲士たちが作る秘密組織「三合会（洪門会）」があった。一八五五年に黄河が氾濫した際、下部組織の「小刀会」が清朝政府に楯突き、暴動を起こしたことから取締りが厳しくなり、表面上「三合会」は消滅するにいたった。しかし上海が開港した当初、阿片の取引を独占したのが広東省の潮州出身の商人たちで、彼らはもと「三合会」のメンバーだったことから、新たに秘密組織「紅幇」を作ったのである。

「紅幇」は共同租界を地盤にして、外国から入ってくる阿片の受け手となり、販売を手広く扱った。送り手は上海駐在の外国商社だ。阿片輸出が業務の大半を占める外国商社には、イギリス人経営のジャーディン・マセソン商会、ユダヤ系のサッスーン洋行、新サッスーン洋行、哈同、アラブ系のE・パパニーなどがあった。

一八六〇年代から七〇年代にかけて、彼らを通して中国へ輸出されたインド産阿片は、毎年平均で八万三千箱にのぼった。一箱は約六〇キログラム。国内生産の阿片が増加するにつれて、外国阿片は少しずつ減少していくが、ピークの一八八〇年代には十万五千五百七箱が輸出され、上海には年二万二千箱が送り込まれた。

上海の町には、阿片の濃い煙が充満した。

阿片は街のいたるところで合法的に売られ、客はいつでも手軽に買うことができた。阿片を扱う店には二種類あった。

煙膏店…煙土（生阿片）から煙膏を製造し、小口に包装して煙館に卸すほか、一般客にも店頭販売する持ち帰り専門店。

煙館…俗に阿片窟と呼ばれる阿片を喫煙（吸飲）するための店。最高級店から高級、中級、一般店までさまざまなランクがあり、最高級店の中には、紫檀や黒檀の高級木材で作った彫刻をほどこしたベッドが備えられ、象嵌細工や銀のキセルを出す店もあり、ピーク時の一八七二年には、上海市内だけで約千七百軒あったという。

上海の阿片販売の実態について証言者の記録をまとめた『オールド上海　阿片事情』は、優れた研究書として興味深いが、同書には、上海で人気を誇った有名店の名前がずらりと掲載されているので、ここで少しご紹介しておこう。

たとえば、煙膏店では、「九江路の広誠信が最も有名で、同店の大土（インド産）だけでつくった〝清膏〟は最上等品とされる」という。

煙館については、「設備の華麗さでは公館馬路（今の金陵東路）と江西路の角にあった南誠信が第一、規模の大きさでは福州路の閬苑第一楼、二階が茶館で一階が烟館というつくりの烟館では福州路の四海昇平楼、講談寄席を兼ねた烟館では福州路の小広寒がよく知られていた。その外、遊戯場に烟台を置いて吸食させた張家花園や愚園。料理屋や茶館に吸食室を設け、酒や茶をのんだ後、阿片を供する同安や怡園、西園、同芳居、怡珍など」があったという（『オールド上海　阿片事情』山田豪一編著、亜紀書房より）。

贅沢な阿片の吸い方はこうだ。少量の煙膏（生阿片に麦粉、大豆油、阿片灰などの混ぜ物を練りこみ、水を加えて煮つめた練り状のもの）を、キセルから突き出した火皿にのせて、ランプにかざし煙膏が溶けた後に出る煙をキセルで吸う。料理と酒を注文し、演劇を楽しみ、紫檀のベッドに横になり、銀のキセルで阿片を吸う。なじみの店から娼婦を呼ぶこともできるし、店にもその手の女性は控えている。

いきおい阿片は社交の必需品ともなった。客を家に招いたときにはまず阿片を一服勧めるのがもてなしだとされ、宴会などでも食事の前には欠かせない嗜好品とみなされた。阿片を勧められて毅然と断る人は「無粋な人」であり「野暮な人」なのである。

また、「酒」と「阿片」は男性のたしなみともされて、見合いの席などでは媒酌人が、「ご子息は毎日どのくらい大土をたしなまれますか？」などと、口をきくこともあったという。現代なら、さしずめタバコやワインといった扱いだろうか。

共同租界から仏租界へ

時代の流れが変わったのは、一九〇六年のことだった。

アメリカの宣教師たちが阿片生産の禁止を国際世論に広く呼びかけると、国際的に阿片貿易への非難の声が高まった。清朝政府は、「イギリスがもし輸出を削減するなら、中国も阿片の生産と喫煙を禁止する」と発表。イギリスも、「十年禁絶を目標に毎年段階的に削減していく意向がある」と応じ、翌年には「中英禁煙協約」が交わされた。

一九一一年、ハーグで「国際阿片会議」が開かれ、世界の潮流は阿片の輸出禁止と生産禁止という明るい未来へ向かって、栄えある第一歩を踏み出した。いや、踏み出そうとした。ところが、そうなっては都合の悪い人たちがいたのである。

外国商社は色めきたった。十年という期間を限定されたことで、今のうちに儲けるだけ儲けておこうと考えた。サッスーン洋行ら上海の阿片商社は即座に「洋薬公所」を結成すると、上海の輸入阿片の総量をコントロールする一方、潮州商人と協定を結んだ。「洋薬公所」といえば聞こえはよいが、つまり「阿片商人の大連合会」である。外国人貿易商たちはペルシャ産とインド産阿片の独占輸出体制を築き、流通ルートは潮州商人一本に絞られた。

無論、阿片の価格は急騰した。最高値のときには、なんと銀の七倍まで跳ね上がったというから、驚くほかはない。

阿片商人の悪辣さはこれに止まらない。十年の期限が近づくと、「洋薬公所」は関係ルートを使って時の政権、北京政府と交渉し、残りの阿片を全部買い取らせることに成功した。一九一九年、北京政府は阿片を購入後、公開処分した。

こうして世界が監視する中で、中国の「阿片禁止令」は着々と執行されることになった。このまま順調にいけば、もしかしたら中国からも地球上からも阿片は一掃され、クリーンで美しい世界が訪れたかもしれない。だが、事態はそうはならなかった。


禁令とは、すなわち商売繁盛だ——。

そう言ったのは、アメリカのギャングのボス、アル・カポネだそうだ。

アメリカで一九二〇年に制定された「禁酒法」が、この言葉を生んだのだ。政府が酒類の醸造と販売を禁止したことで、シカゴを縄張りにしたアル・カポネのギャング団が密造酒を裏取引し、暗黒街の犯罪が急上昇してしまったのである。

時期も同じ一九二〇年、中国では阿片が禁止され、同じような事態が生じていた。阿片の密輸に火がつき、以前よりも却って大量の阿片が出回る事態になったのだ。

建前を守ったイギリスが共同租界の取締りを厳しくしたことで、潮州商人たちは逮捕されたり撤退したりしたため、「紅幇」は著しく勢力が削がれた。

阿片取引の場は、それまでの共同租界からフランス租界へと拠点を移した。

外国商社の中には密輸に転向する者もいた。ペルシャ、トルコ、インドから船積みされた阿片は、インドシナ半島、マカオ、香港、台湾などを経由して、広東、青島、大連、そして上海へと密かに流れ込んだ。税関は目こぼしして、官吏が「濡れ手で粟」とばかりに賄賂をとったために、半公然と密輸されたのである。

国内阿片の生産にも拍車がかかった。各地の軍閥は農民にケシ栽培を強要し、栽培しない者には罰金を課した。最大の生産地である四川省と雲南省からは、長江を汽船で貨物輸送し、宜昌、漢口、南京を経て上海へと運ばれた。山西、宜昌、漢口などの軍閥は、輸送船や公道に通行税を課す代わりに、別の軍閥から強奪されないよう支配地域を「護送」した。

国内外から集まる密輸阿片を上海で引き取り、集計し、卸から小売まで一手に取り仕切るようになったのは、フランス租界を根城にする「青幇」の勢力だった。

杜月笙《とげつしょう》――この男を抜きにして、上海の阿片取引は語れないだろう。

「中国版アル・カポネ」と呼ばれたこの男は、黄金栄の配下でもあった。今では伝説的な人物として語られることの多い人物だが、残忍さと冷酷さで人々を震え上がらせるのと同時に、憧れと尊敬をも集めた稀有の存在だといってよい。

杜月笙は上海の黄浦江の対岸にある浦東の下層社会で生まれた。極貧だったために、小学校は四ヶ月しか通っていない。幼い頃に両親が亡くなり、木こりをしている叔父に引き取られたが賭け事に夢中になり、十四歳の時に上海の歓楽街、十六舗にある果物屋に丁稚奉公にあがった。近くの十六舗埠頭は「青幇」の溜まり場になっていて、賭博場や売春宿、阿片窟が密集していた。「果物屋の月笙」の呼び名で通っていた彼は、賭博場に足しげく通って阿片の味を覚えた。五年ほど果物屋で働いたが、店の金をくすねて首になり、その後は阿片の売人や窃盗、詐欺、売春宿のポン引きなどをするようになった。

大きな転機を迎えたのは、黄金栄と「親分・子分」の契りを交わしてからだ。

杜月笙は当時三十歳ぐらいになり、痩せ型で浅黒く、頬がそげ、目つきが鋭く、大きく張り出した両耳が特徴だ。一見して冷酷そうな印象を与えるが、黄金栄の妻で「糞尿大王」の異名をとる「桂姐」には、頼もしい男と映ったにちがいない。杜月笙は彼女の情夫になった。そして彼女の推挙によって、黄金栄の仕切っている賭博場で賭場台を三つほど任された。

その賭場台の仕事に成功した杜月笙は、次第に大きな仕事を任されるようになり、やがては「青幇」の大ボスとして君臨するのだが、彼の成功はフランス租界という特異な存在と切っても切れない関係にあった。

フランス租界は中国の領土にあっても、フランスが主権を持つ地区である。フランス人の領事が駐在し、行政と司法を遂行し、警察機構を備え、阿片商人を中心とするフランス人たちが住んでいる。フランス人の安全確保はフランス軍が担うが、租界地内の中国人居住者の治安維持のために、中国人の巡査を雇用している。巡査は中国社会に精通し、暴力に対抗できる腕力を備えている必要があった。「目には目を」、「暴力には暴力を」というわけだ。フランス当局は、巡査が多少の悪事を働いたところで、フランス国家の主権を侵害しない限りは大目に見たし、中国人社会に「正義」を求めようとは、さらさら考えていなかったのである。だから結局、雇ってみればほとんど「青幇」のメンバーだということになった。

黄金栄が巡査でありながら、「青幇」のボスの一人であったというのは、そういう理由からである。皮肉にも、フランス租界の中国人巡査のほとんどが前科者だったというのも、大いに頷けることだろう。

居心地の良いフランス租界で、黄金栄は有能な子分の杜月笙と、「青幇」の別のボスで友人の張嘯林《ちょうしょうりん》との三人で、「三鑫公司」を設立した。大々的に阿片を扱うための会社組織である。資本金は二百七十万元あるいは一千万元といわれている。

「三鑫公司」は、二十一軒の潮州系の「煙膏店」と「煙館」を「保護」する名目でショバ代を取るだけでなく、六十軒あまりの「大同行」と呼ばれる卸売り業者から、毎月数百元から数千元を徴収した。フランス租界を経由する阿片輸送には「転送費」を課した。また「煙館」から徴収する「税金」は、キセル一本につき三角としたから、キセルを多く備えている煙館からは、多額の「税金」を徴収した。

当時上海に滞在していたフランス人弁護士リュッフェの試算によると、一九二〇年代後半の全中国の阿片消費量は、毎年七億元にのぼったという。「中華国民禁毒会」の集計ではさらに多く、毎年十億元を消費し、そのうち国産阿片は八億元、外国阿片は二億元であったという。また、上海の阿片貿易による収益は毎年四千万元以上、あるいは七、八千万元から一億元にものぼると推測される。

なにしろ密輸だから正確な統計はないが、阿片の消費量が、膨大なものであったことは間違いないだろう。

フランスのご都合主義

密輸阿片のお陰で莫大な利益を得たのは、軍閥であった。

一九一一年、辛亥革命に成功した孫文は臨時国民政府を樹立するために、大総統の地位を与えることを条件に、北洋軍閥の袁世凱の力を借りて清朝皇帝を退位させた。しかし、いざ袁世凱が大総統に就任すると、彼自身が皇帝になろうと画策したため、全国の軍閥から猛反発を受けた。その最中に袁世凱が死去したことから、軍閥は全国各地で群雄割拠して収拾がつかなくなった。

一九二四年、北京の軍閥で直隷派の馮玉祥が呉佩孚を裏切り、奉天派の張作霖と組んで安福政府を立て、段祺瑞を臨時執政に推した。上海では直隷派の孫伝芳が奉天軍の張宗昌といがみ合い、激しい攻防戦を繰り広げた。

「三鑫公司」は勢力の強い孫伝芳軍閥政府に歩み寄った。孫伝芳と協議した後、「三鑫公司」は寄付金の名目で毎月上納金を納める代りに、密輸ルートの安全確保と「保護」を約束してもらった。

ところが翌年、黄金栄は軍閥政府の盧永祥と些細なことから対立し、逮捕される事態になった。杜月笙と張嘯林が奔走して巨額の保釈金を支払い、黄金栄はようやく釈放されたが、ボスとしての面目をつぶされた格好になり、威信が失墜して第一線を退いた。杜月笙は黄金栄に代わって「三鑫公司」をきりもりして、声望が高まった。

フランス当局は、一九二四年に「三鑫公司」が設立される前後から、活況に湧く阿片取引の税収が膨れ上がった。一九二三年には、阿片税収が租界当局の財政予算に占める割合は二十一%にのぼっている。フランス人の高級官僚の中にも、あまりに阿片の儲けが大きいことに目がくらみ、自ら密売に手を染める者や、「青幇」に「目こぼし料」を無心する者も現われた。

杜月笙はフランス当局を巧みにゆさぶった。

租界内の主だった工場で労働争議が起こると仲裁に立ち、ストライキを治めてフランス当局と企業に恩を売った。工場労働者のリーダーは「青幇」のメンバーだったから、杜月笙にはやさしい仕事である。

その一方、彼はフランス当局と接触を重ね、それまで「黙認」してもらうだけだったものを、さらに毎月八万元上納し、巡捕房の責任者にも十四万元支払う代わりに、「三鑫公司」の阿片取引を「保護」させることに成功した。

一九二七年を迎える頃、政局が激変して治安が悪化すると、フランス当局は租界の治安維持に危機感を募らせた。

フランス租界はもともとフランス軍の警備体制が脆弱である。そのため中国人巡査も多数雇っているのだが、自国民の安全と資産の保護を彼らに期待することはできない。だが、今、治安を脅かす「騒乱分子」は、枚挙にいとまがなかった。

阿片で生気を吸い取られた人々の生活は怠惰で、窃盗、殺人、誘拐などの犯罪は多発している。軍閥は日常的に市街戦を繰り広げる。国民党は全国制覇を目指して上海へ侵攻してくるという噂が立っている。さらに共産党はさかんに工場労働者を煽り立て、工場ストライキを頻発させている。これではとても安心して行政などに専念できない。

もしも「騒乱分子」が租界に侵入するのを食い止められず、自国民の安全と資産が損なわれるようなことになれば、アジアの複数の国で植民地を経営するフランス国家の威信が揺らぐことになる。

フランス政府は自国で幾度も協議した後、上海駐在のフランス領事に命じて、「青幇」に警備の協力を頼む決定を下した。

二月、フランス領事から直々の依頼を受けた杜月笙は、即座に応じ、すかさず「治安維持と十分な警備を行う代わりに、フランスから多量の武器を提供してほしい」と条件を出した。杜月笙にとって、外国製の近代的武器を手に入れることは、「青幇」の戦闘能力を飛躍的に向上させ、自分の威信を一層高める絶好の機会であったのだ。

フランス領事はさっそくフランス政府に連絡し、銃三百丁、拳銃百五十丁、ヘルメット一千個を送る段取りを整えた。そればかりかフランス当局は、「青幇」が根城にしていた中華共進会の建物を守るために、武装警官を派遣して歩哨に立てた。

武器供与に関するこのときの協議は、書面になって残された。

その中には、「青幇」がフランス租界の治安維持と警備を行うことが確認され、見返りとして、「非合法」であるはずの阿片取引の許可範囲が示され、大規模な賭博場の経営許可も下りたことが記された。

戦後もずっと後になって、フランスはこの時「青幇」と交わした協議書を眺めつつ、「悪魔と密約を交わしてしまった」と、深い痛恨の念を抱いたという。

だが、これはフランスのご都合主義というものだろう。

「悪魔」は、決して「青幇」を指す言葉ではないはずだ。いったいだれを指して言うべき言葉か、それは胸に手を当てて考えれば簡単にわかることである。

「悪魔」のささやきが魅惑的であるのは確かだが、「悪魔」の誘いに乗って易々と自分の魂を売り渡してしまった者は、実はそのとき、自分自身も悪魔になったことを顧みず、もっと魅力的だと思える別の利益をたっぷりと手に入れていたはずなのである。フランスが痛恨の念を抱くのであれば、それは「悪魔との密約」に対してではなくて、フランス自身が悪魔であったことを深く悔やむべきだろう。無論、イギリスも同じである。

さらに根源的な見方をすれば、魅惑的な「悪魔」とは、湯水のように金を生み出し、まばゆさゆえに平常心を失わせる「阿片」そのものに他ならない。そして「阿片」に魅惑された者は、イギリスやフランスばかりではない。

間もなく本格的にやってくる中国革命の時代にも、「阿片」は手っ取り早く稼げる革命資金の源泉となり、建国の理想に燃えた革命家たちの心を蝕んでいくのである。

最終章　毛沢東と阿片

上海の労働運動の悩み

中国革命といえば、すぐに毛沢東率いる共産党の革命を思い浮べる人が多いだろう。だが中国の近代は革命のオンパレードだと言ってもよいのである。

孫文が清朝を倒して国民政府を打ち立てたのも革命だし、蔣介石が国民革命軍を率いて全国統一を目指したのも、たとえ個人的な野望が強かったとしても、一応は革命だろう。無論、中国共産党が国民党を倒し、一九四九年に中華人民共和国を誕生させたのは、革命の最たるものだった。

歴史の教科書などに描かれる当時の革命は、まるで崇高な政治思想の対立ばかりのようだが、実際には、暴力と奪取と破壊によって社会秩序は乱れ、経済は破綻し、行政も機能しない「無法時代」である。

革命家は、いくら口では理想や理念を叫んでも、収入がなければ戦えない。いきおい軍資金を求めて、手近な阿片へ走ることになる。彼らの弱みにつけ込んでうまく立ち回ったのは、武装闘争を得意とする「青幇」である。

「青幇」は、侵略国家フランスに協力する一方で、熾烈な内戦をつづける国民党と共産党の両方と絶妙なバランスを保ちつつ、「無法時代」の大立者として活躍していくことになった。

中国共産党が設立されたのは一九二一年、上海で第一回党大会を開いたときに始まる。おりしも「青幇」が勢力全盛の時期だった。

「青幇」ははじめ、共産党をただの〝青臭い政治団体〟とみて、放っておいた。というのも、中国共産党の創設メンバーは、発起人の陳独秀が大学教授であるほかは、みな海外留学帰国生か二十代の若者ばかりだったし、ソ連人アドバイザーの下で本を読んだり聞きかじったりして、「社会主義とはなにか」について議論ばかりしていたからである。そんな若者の集団を、強面の「青幇」が気にかけるはずもない。

共産党のほうでも、人数と実力では遥かに及ばない「青幇」を恐れて当たらず障らず、距離を保ったままやり過ごすことに腐心していた。

だが、「社会主義を実現する方法」とは、「労働運動」であると共産党が認識したときから、両者の利害は対立した。

一九二四年から翌年にかけて、上海で労働運動を指揮した共産党指導者の一人、李立三は後に回顧録を記して、こう嘆いている。

上海の労働運動で、もっとも頭を悩ませたのは「青幇」問題だった——。

労働者を煽動して工場ストライキをしようとしたとき、最初に説得するべき相手は労働者のリーダーたちだったが、彼らはことごとく「青幇」のメンバーだったのである。「青幇」の大ボス杜月笙は、「青幇」のメンバーである労働者たちが、自分以外の者に従ってストライキをすることを、苦々しく感じていた。

彼自身、それまで幾度か水道局やゴミ処理業者を煽動し、フランス租界全体が麻痺するほどの大規模ストライキを画策したことがあった。目的は、その後に調停役を買って出て、窮地に立ったフランス租界当局に恩を売り、阿片取引に有利な交渉をすることにあった。彼にとって、工場ストライキは、フランス当局をゆさぶる「切り札」のひとつだったのである。その「切り札」を共産党が奪いかけているのを、黙って見過ごすわけにはいかなかった。

フランス租界当局が、共産党は「騒乱分子」であると規定したとき、迷わず応じて「悪魔の密約」を交わしたのも、そのためだ。杜月笙は即座に労働者のリーダーたちに命令を発し、共産党の煽動に乗ってはならないと強く指示した。共産党の労働運動は、遅々として進まなくなった。

宋家と蔣介石と青幇

国民党はまだ政権を掌握し切っていなかった。

孫文が、曲がりなりにも広東で国民政府を樹立したのは一九二四年のことで、ソ連から資金援助を受ける代わりに、弱小政治団体である共産党も一枚くわえる条件で、ようやく組織した政府である。

産声を上げたばかりの国民政府に威信はなく、広東軍閥に対抗しながら地方行政をこなすので精一杯だった。全国統一を目指して軍事行動を起こした「北伐」の途中、孫文が北京で客死するという緊急事態に及んで、カリスマ指導者を失った国民政府は恐慌をきたした。おまけに軍人の蔣介石が勝手に共産党を追い出そうとしたことから、政府内部に亀裂ができた。

蔣介石は国民政府から軍事委員長の役職を解任され、故郷の浙江省へ引っ込んで隠遁生活を始めたが、憂さ晴らしに上海の社交クラブに入り浸った。

社交界には花形がいた。上海財閥である孔祥熙の妻の宋靄齢である。蔣介石は巧みに近づき株仲間になった。そして折を見て、金持ちの彼女に頼みごとをした。

「全国統一のために、私は自分の軍隊を作りたい。資金を援助してくれないか」。

すると彼女は、即座にこう答えたのだ。

「私の妹の宋美齢と結婚するなら、資金援助してもいいわよ！」

これには蔣介石も驚いたはずだ。彼には恋女房の陳潔如がいたからだ。だが結局、陳潔如を追い出して宋美齢と結婚してしまう。そのとき、蔣介石が陳潔如に言った言葉がふるっている。

「ほんとうに私を愛しているなら、黙って私の希望を叶えてくれ」だと！　なんと自分勝手な呆れた言い分だろう。

三十年後に、アメリカのスタンフォード大学図書館で偶然発見された陳潔如の手書き原稿には、このときの経緯が詳しく記されていた。ついでに、蔣介石に加勢して、陳潔如にコロンビア大学へ留学するよう強く説得したのは杜月笙であったことも、知られることになった。

杜月笙はきっと、他人の弱みを見つける天才だったのだ。

政界や財界の有力者たちが抱えるトラブルをみつけ、進んで解決して恩を売り、絡め手から相手を抱き込んでしまう。『三国志』や『水滸伝』に出てくる英雄たちは、往々にしてこの手で他人を心酔させて子分に仕立てたから、中国の英雄には不可欠の才能であり、「人間攻略法」の秘訣なのだろう。


蔣介石は宋美齢と婚約した。これで軍隊を作る資金を手に入れた。その上、名門一家の娘と婚約したことで、社会的な知名度も高まった。宋家の三姉妹のうち、長女の宋靄齢は上海財閥の孔祥熙の妻になり、次女の宋慶齢は孫文の妻だった。長男の宋子文も若手財界人として注目されている。

さて、残るは軍隊要員の手配である。自分をクビにした国民政府への仕返しと共産党を打倒するために、早急に軍隊を組織しなければならないが、それには手間も時間もかかる。てっとり早い方法は、既存の武装集団を利用することだった。蔣介石は婚約の手助けをしてくれた杜月笙に加勢してくれるよう頼んだ。

だが、杜月笙は政治や理想に無関心の男であった。国民党にも共産党にも加勢する気はなく、阿片で儲けることだけに専念していた。阿片取引を邪魔されず、むしろ応援してくれる相手ならば、だれと組んでもよかった。杜月笙は冷静に観察期間をおいた後に、蔣介石国民党に「利」があると見定めた。

「表の政治権力」と「闇の帝王」が、結び合った瞬間であった。これ以後、中国の政治は暴力と一体化し、暗殺や弾圧が誰はばかることなく白昼堂々と行われるようになった。

杜月笙が政治的に、いや、暴力的に活躍する機会は、蔣介石の台頭と軌を一にしてやって来た。

一九二七年四月十二日の早朝、「青幇」は殺戮の嵐を呼び起こした。上海の紡績工場でストライキの先頭に立つ共産党員を急襲して、みな殺しにしたのである。

この事件は、歴史的に「四・一二軍事クーデター」と呼ばれている。蔣介石が共産党を粛清するために起こした「政変」だという意味である。

粛清の嵐は上海を皮切りに、数日内には広東、南京など、全国の主要都市に広がり、共産党とそのシンパが大量に逮捕され、トラックで処刑場へ送られて銃殺された。

一千人誤って殺しても、一人の共産党員も逃すな――。

蔣介石が発した命令は、どの都市でも忠実に実行された。

当時六万人いた共産党員は壊滅状態になり、生き残った一万人ほどが息も絶え絶えに逃げ散った。

だが、上海に限っていえば、これは「政変」などではない。実際に攻撃したのは国民政府の正規軍ではなく、「青幇」という民間の武装集団である。民間の暴力沙汰ならば、これは単なる大量殺人事件である。

杜月笙は「青幇」の配下十万人を動員した。百人一組で「敢死隊」をつくり、工場労働者の作業着を着せてストライキに紛れ込ませた。ストライキの内側から混乱を作り出し、共産党員を翻弄して手当たり次第に殺害したのである。彼らが手にしていたものは、フランス直輸入の最新式の銃器であった。

十二月一日、蔣介石と宋美齢は上海で華々しい結婚式を挙げた。当然のことながら、蔣介石は財閥一家の入り婿のような存在になり、アメリカ育ちで勝ち気な彼女に生涯頭が上がらなくなった。

取締りの総監督＝阿片の帝王

杜月笙は蔣介石に公私にわたって〝貸し〟を作った。

この〝貸し〟はいかにも大きかった。後々、国民政府の心臓部までボディーブローのように重く深く効いていく。いや、蔣介石も被害者などではなかった。阿片取引で暴利をむさぼった点では、むしろ共犯者と考えるべきだろう。蔣介石は国民政府を樹立して自ら主席に就任すると、はじめは「青幇」と阿片取引で対立し、後には協力し合い、暴利を山分けにする仲間同士になったのである。

国民政府は財政難だった。財政部長（大臣）に就任した蔣介石の義理の兄、宋子文は、阿片を政府の専売品にする「公売制度」を導入しようと考えた。世界では一九一二年、阿片を禁止する「ハーグ条約」が交わされていたので、諸外国から非難されるのを避けるため、名目上は「禁煙」を打ち出した。

からくりはこうだ。阿片喫煙者は三年の期限つきで禁煙に努め、その間は政府に登録し、許可証を得て阿片を買うことができる。財政部の下に「国民禁煙局」を設立し、新たな民間会社をつくって「禁煙」の監督にあたる。

だが、問題が起きた。新たに設けた民間会社が、杜月笙の経営する「三鑫公司」と競合するはめになったのだ。民間会社は「青幇」の圧力で潰され、かわりに「三鑫公司」が監督を代行することになった。つまり、杜月笙は「禁煙」の監督という大義名分の下に、堂々と阿片を独占販売することになったのである。また一歩勢力を拡大する結果に繋がった。

杜月笙と宋子文は、このときからいがみ合うようになったらしい。財政難の折から、国民政府の威光を振りかざした宋子文が杜月笙に幾度も金を無心し、「出さないと、三鑫公司を潰すぞ」と、居丈高に接したせいだという。

一度、国民政府の首都、南京から列車で上海駅に到着した宋子文が、暗殺されかけたことがある。危うく難を逃れたものの、暗殺者は捕まらず、杜月笙の配下の者だったにちがいないと噂がたった。

同じ頃、杜月笙は阿片の国内産地である四川省重慶市に「三鑫公司」の支店を開設して、ヘロインの「産地直送」を手がけるようになっていた。

ヘロインは阿片の主成分（約十％）であるモルヒネから精製される。鎮痛作用はモルヒネの四〜八倍強く、陶酔作用や依存性も高い。生阿片に比べると有害性はほぼ百倍にのぼる。白い粉末状で軽量だから持ち運びに便利だ。重慶には、四川省の軍閥で「ヘロイン大王」の異名をとる陳坤元と「阿片大王」の葉清和が経営する精製工場があった。杜月笙はふたりと契約し、毎月二百五十万元分のヘロインを購入して上海へ運び、二次加工の後に「紅珠子」、「白珠子」などの商品名で売ったという。

一九三一年の春、蔣介石は南京へ杜月笙を招き、阿片の取締りを担当する総監督にならないかと持ちかけた。政府の高級官僚の役職である。共産党を粛清した「四・一二軍事クーデター」で蔣介石が受けた〝借り〟を返すためであったが、杜月笙が握っている四川軍閥のルートを軍事的に活用したいという腹積もりもあった。

杜月笙は即座に応じた。彼は「禁煙」の監督を代行していた「三鑫公司」を解消して、国民政府の高官の地位についた。国民政府が担う中国の阿片取引を一手に掌握して、もはや怖いものはなくなった。「阿片の帝王」と呼ばれる犯罪者が、「阿片取締りの政府総監督」という正義の職を兼務したのだ。「悪魔の密約」は、ここでも交わされたのである。

日本も大陸で大儲け

日本の中国侵略もまた阿片に頼るものであった。

日露戦争や第一次世界大戦などを通じて、徐々に大陸での権益を拡大していた日本は、すでに台湾で味をしめた阿片の「専売制」を応用し、莫大な利益を上げた。当初はインド、ペルシャなどから阿片をいったん日本へ輸入し、山東、満州などへ再度輸送した。次第に台湾、朝鮮、日本国内、満州で、後には内モンゴル、新疆地区でケシ栽培を行うようになった。

日本はまた、阿片の代用品としてモルヒネも扱った。モルヒネの輸入元はイギリスやドイツが中心だったが、一九一七年、イギリス議会が日本への輸出を禁止すると、今度はアメリカ、フランス、ドイツ、オランダ、ベルギー、スウェーデン、イタリア、デンマークなど世界中から買いあさった。明治末期から大正にかけて、世界から買い集めた後に中国へ再度輸送したモルヒネの量は急増し、一九二〇年には最高の約七十七万五千オンスに達した。輸出入業務を実際に担当したのは財閥系の大商社だった。

商船で運ばれた阿片やモルヒネは、慈善団体を装った「宏済善堂」を通じて小売り販売された。

モルヒネは中国語で「白粉」と呼ばれ、皮下注射をする方法と、阿片用の混ぜものと一緒にキセルで吸う方法がある。上海では、銀紙の上にのせて炙って吸う「モダン」なスタイルも好まれた。いずれも阿片より簡便で効果が大きいことから、人気を呼んだ。民間人の密輸も激増した。貿易商が出資元となり、表に中国人を立たせて裏で糸を引いた。日本から一旗挙げるために大陸へ渡った「大陸浪人」たちも、生活費を稼ぐためにこぞって阿片の密売に手を染めた。

この時期、日本はいったい阿片でどれくらい稼いだのだろうか。多田井喜生氏の論文『秘史　阿片が支えた日本の大陸侵攻』(『新潮45』一九九二年五月号)によれば、一九二一(大正十)年に衆議院に提出された報告によると、一九一九年度の関東州における阿片総売上高は四千百八十九貫で、専売による特許料収入は百九十四万八千九百円にのぼる(「朝日新聞」一九二一年三月二十七日)。また、一九二〇年度から創設された阿片の所得税と取引税を含めると、実収では五百万円になる(「東京日日新聞」一九二一年六月十五日)という。

「五百万円」という金額は現在の貨幣価値になおすと、約七十七億円になり、関東州の一九二〇年度地方費予算の約半分。特別予算を含めれば四分の一に達する。つまり、関東州の経営の二十五%の収入が阿片によるものだったということになる。

もっとも、この数字は他の植民地経営と比べて、多すぎるわけではないらしい。一九一八年の比較でみると、イギリスの植民地である香港政庁の総収入に占める阿片専売収入の割合は四十六・四％。シンガポール政庁の場合は五十五％。フランス領インドシナでは四十二・七％にのぼり、関東州の場合はいずれと比べても下回っているのだという。

まったく開いた口が塞がらないとはこのことだ。

日本の罪は免れないにしても、世界中で植民地支配のために阿片があふれ返っていたのである。阿片はまさに「国際通貨」の役割を果たしていたのだ。

「悪が悪を呼んだ」のだとも言えよう。植民地という「正常ではない領土」を経営するために、経営財源もまた「正常ではない通貨」に頼らざるを得なかったのだ。それを強者が行う限り、「悪」は決して「悪」だとは認定されない。社会正義が強者の論理でできているからである。植民地支配も阿片経営も、強者が自国の経済を発展させ、自国民に豊かな生活をもたらすための最善の方策とみなされたのである。

一九三一年九月、満州事変が起きた。翌年一月には上海事変が起き、三月には日本軍は中国東北部へ侵攻して「満州国」を打ち立てた。だが三三年、国際連盟で「満州国」

について不承認決議案が採択されると、怒った日本は国際連盟を脱退した。

日本軍の侵攻によって、国民政府は上海の行政能力を失った。無法地帯と化した上海では財界人たちが臨時の自治組織を作り、杜月笙を最高責任者として政府の金融政策などを代行した。杜月笙は債権回収に悩む銀行を買収して金融家の体面をとりつくろう一方、小学校建設などの慈善事業を行い、上海の実力者として社会的にも認められるようになった。その裏に「三鑫公司」の阿片売買で儲けた膨大な資金があったのはいうまでもない。


「国際通貨」になった阿片を重宝したのは、諸外国や「青幇」だけではなかった。被害国、中国の国民政府や共産党も、便利に使いこなしたのである。

蔣介石の国民政府は大陸侵攻を進める日本を恐れて、ひたすら「無抵抗主義」に徹して逃げ惑っていたが、共産党征伐には血眼になった。

三一年十一月、共産党が江西省瑞金に革命根拠地「中華ソビエト共和国」を打ち立てると、蔣介石は国民政府軍百万人と二百機の飛行機を動員して、猛攻撃を開始した。

攻撃は数年にわたって執拗にくり返されたが、三四年に行われた、五度目の包囲作戦はとくに徹底していた。瑞金を厳重に包囲し、通行を一切禁止して「兵糧攻め」にしたのである。軍事費は「公売制度」による「特貨」、つまり阿片を売って得た資金を当てていた。

共産党はやむなく瑞金を捨てて、逃亡した。三四年十月、長く険しい流浪の逃避行がはじまった。国民党はどこまでも追ってきた。後に「長征」と呼ばれる逃避行は、実に一万二千キロメートルにも及び、負傷者や病人が無数に脱落していったが、旅の先々で出会う農民たちが加わり、むしろ増員傾向にあった。農民たちは村に住んでいても食うや食わずの日常であったから、共産党の行軍に参加することで、「食いっぱぐれ」のない道をみつけたのである。

「長征」の途中、貴州省遵義での会議でソ連派のリーダーが失脚し、毛沢東が指導権を掌握した事実は、よく知られている。ソ連派のリーダーが指揮する「正規戦」や「陣地戦」がことごとく失敗し、万策尽きた共産党は、かろうじて勝利した「遊撃戦」の発案者、毛沢東に頼る以外に生き抜く道はなかったのである。毛沢東は『三国志』の野戦戦法にヒントを得たといわれている。

共産党のトップシークレット

阿片は、毛沢東を指導者にした共産党とも関わった。あちこち立ち寄る町や村で、共産党は土豪を襲い、食料を奪い、財産を没収して逃走資金に当てたが、没収した財産の中に阿片もあった。それを後生大事にとっておき、「長征」の旅の間持ち歩いたのである。

記録によれば、共産党は「没収委員会」を作り、広西省内だけでも三十二人の土豪を襲い、財産を没収したという。革命の美名の下に、強盗や殺人は正当化され、阿片は活動資金になった。「国際通貨」である阿片は「国内通貨」としても通用することを、共産党は証明したわけだ。

中国のように戦乱が続く国では、もともと政府が発行する紙幣はあまり信用されない。インフレになれば価値が下がり、政権が替われば紙屑同然になってしまう。だから人々が大切にしたのは「金」と「翡翠」である。「金」はネックレスや指輪として常時身につけ、いざというときに空身で逃げても、米や食べ物と交換できる。「翡翠」は厄除けのお守りであると同時に宝石でもあり、上質のものは「金」以上の高値で売ることができる。どちらも普遍的な価値があるから、紙幣などより頼りになるのである。

阿片も同じことが言えた。国内需要が多いから、人々は喜んで食べ物や薬と交換してくれる。ときには火薬や武器とも換えられる。だから共産党は後生大事に阿片を持ち歩き、貴重な財産として扱ったのだ。

驚いたことに、短期間ながら、共産党も阿片の生産に手を染めたことがあったと知らされたのは、名の知れた中国人の共産党史研究者からだった。

この研究者は、十八歳で共産党に憧れて延安の革命根拠地へ行き、下働きとして党幹部の世話をした経歴をもつ。その後、香港で政治雑誌を主宰して編集長として名を馳せた。私が知り合った頃は、もうアメリカへ移住して十年以上たっていたが、彼の家の半地下の蔵書室には、天井まで届く本棚にびっしり本がつまり、部屋中に資料が積み重ねられていた。聞けば、彼が保管している貴重な資料は中国国内でもすでに存在せず、中国当局がわざわざ借りに来るほどだという。

もっとも、阿片については偶然のきっかけから出た話に過ぎない。

「革命根拠地にいたのに、なぜ共産党に入党せずに、香港へ出たのですか？」と、私が聞いたとき、彼はこう答えたのだ。

「延安で毛沢東ら幹部の日常を見たせいです。幹部たちは毎晩のように、都会からやってきた若い女性たちをベッドに侍らせて、『偉大な革命家』に奉仕させたのです。それが『革命精神』の表れであり、光栄なことだと説くのです。阿片の生産をしていたことも知りました。私はそんな実情にすっかり嫌気がさし、延安から逃げ出して香港へ行きました」

彼の言う阿片生産とは、次のようなものだった。

革命根拠地から数キロ離れた場所に、周囲を高い木の塀で囲った一画があった。入り口には歩哨が立ち、出入りは常に厳重で、党員でも限られた幹部しか立ち入ることを許されなかった。一般党員はそんな場所があることすら知らなかった。

高い塀の中は、一面のケシ畑だった。それほど大きな面積ではなく、数ヘクタール程度のものだ。畑以外にあるものといえば、兵士の寝泊りする粗末な小屋がひとつと、レンガを重ねただけの炉が切ってある。炉の上には大きな鉄釜が据えられていた。

春になると、ケシの実から取った汁を釜に集め、天日で乾燥させて生阿片をつくり、密かに荷車に積んで町へ運んで行き、露天市場で売りさばいた。

「運ぶのも売るのも兵士ですが、目立たないように農民の服装をしていくのです」

と、研究者は言った。彼がこの「共産党の極秘事項」を知ったのは、ケシ畑の歩哨をしていた兵士が親友だったからだと、私に告げた。

残念ながら、この話に証拠はない。資料を見せられたわけではなく、研究者自身も自分で確認したわけではない。たとえ事実だったとしても、現在の共産党政権下で、こんな不名誉な歴史資料が公開されるはずもないだろう。

ただ、この研究者が嘘や冗談を言うような性格ではないことは確かだ。彼は誠実で実直な、筋金入りのジャーナリストとして評価が高い。だからこそ、彼の知識と分析力を信頼して、世界中から中国研究者たちがやってくる。

私は想像するのだが、この話は事実であっても不思議ではないだろう。当時の状況からみても、むしろ事実であるほうが自然だからだ。

いくら共産党が、「農民のものは針一本、糸一本借りても返さなければならない」という厳しい規律を守ったとしても、延安の荒廃した土地の洞窟に住みつき、食うや食わずの状態でいたのである。国民党や軍閥と戦うための闘争資金はどうやって確保したのだろう。だいいち、食料を買う金はどうやって得たのだろうか。土豪を襲い、国民党から銃器や政府発行の紙幣である「法幣」を奪ったとしても限度がある。戦闘に明け暮れていれば、農作業に専念する時間などなかったろうし、継続的に全員の食い扶持を賄うのは容易なことではないはずだ。それに物物交換が取引の中心になる僻地では、食べ物と交換できる価値あるものといえば、阿片以外に考えられないのではないか。

一九三七年、盧溝橋事件が起こり、次いで第二次上海事変が起こると、さすがの国民政府も共産党と合作して、しぶしぶ日本に抵抗をはじめた。中国では「八年間の抗日戦争」と呼ぶ時代のはじまりである。

日本の攻撃は猛威を振るった。

首都の南京が陥落し、次いで広州、武漢が陥落すると、逃げ惑う国民政府軍と追撃する日本軍との間で、いつ果てるともなく戦いがつづいた。

中国奥地の四川省へ逃げ込んだ蔣介石は、外国に支援を求めた。アメリカ、イギリス、ソ連、フランス各国は、ビルマ（ミャンマー）から雲南省の昆明にいたるビルマ・ルートを切り開いた。俗に「援蔣輸血路」と呼ばれるものである。

青息吐息の国民政府は、「援蔣輸血路」を通じて、戦時貿易を行い、茶、タングステン、アンチモニーなどを輸出するかわりに、機関銃などの武器、弾薬、トラック、ガソリンなどの軍需品を運びこみ、かろうじて生き延びていた。

四五年、日本が敗退すると、中国ではそれまでの軍事費の累積によって、猛烈なインフレにみまわれた。国民政府は財政赤字を補塡するため「法幣」を乱発した。アメリカなどが援助した政治資金は、蔣介石、宋子文、孔祥熙、それに国民政府の暗殺団「CC団」(創始者である陳果夫、陳立夫兄弟の苗字「CHEN」の頭文字から命名した)の陳一族からなる「四大家族」に集中して私腹を肥やすことに使われ、人々の反発が大きくなった。結局、人々は共産党に味方した。三度の激しい戦役の結果、蔣介石は破れ、財宝を満載した軍艦三隻とともに台湾へ逃げていくことになる。

援蔣輸血路だけが残った

四九年、中華人民共和国が誕生すると、国民党の残存部隊、第二十六軍が雲南省とビルマ国境の山中に逃げ込んだ。彼らは「大陸反攻」を決意して山中にたてこもり、軍事訓練をはじめた。

生活の糧は、阿片だった。阿片を生産し、諸外国へ運んで販売するために「援蔣輸血路」を逆に辿った。「援蔣輸血路」が貫通するビルマ、タイ、ラオス国境の山岳地帯は、もともと「ゴールデン・トライアングル」と呼ばれる阿片生産の土地であったから、当然の帰結だというべきだろう。

国民党の残党は多いときで一万八千五百人。六〇年代にもまだ九千人がいて、台湾の国民党から支援を受けながら生き延びたという。「援蒋輸血路」は三十年以上も活用された計算になるから、驚くほかはないだろう。つまるところ、蒋介石の国民政府とは、阿片に頼って国家財政を賄いつづけた政権だったのである。

さて、中華人民共和国が誕生した後、阿片はどうなったのだろうか。

結論から言うと、わずか三年間でほぼ阿片が撲滅されたのである。共産党はいったいどんな秘策を講じたのか。

一九五〇年、中央人民政府は「阿片煙毒を厳禁する通令」を発布し、大々的な禁煙キャンペーンを開始した。全国の地方政府には「禁煙禁毒委員会」を設けて、阿片を没収し、密売を摘発する一方、農家のケシ栽培を禁止した。阿片喫煙者には禁煙教育を施し、一定の猶予期間を設けて、「戒煙所」（禁煙施設）に入院させて治療と指導を行った。

厳しい罰則も定めた。重大な違反者は死刑か無期懲役、中度の違反者は五年以上、十年以下の実刑、軽度の違反者は三年以下の実刑である。

阿片の害が深刻な四川省の場合、五〇年に実施した禁煙キャンペーン調査で、省全体の人口の二十五%が阿片喫煙者であったと判明した。例えば、四川省の小都市である峨眉県では、阿片喫煙者は二千七百九十三人にのぼり、煙館八十五軒、阿片四千百九十七両とキセル五百一本が没収された。だが、それ以後も、県では阿片を隠れて吸う者が後を絶たず、翌年も阿片喫煙者二千五十五人、阿片七千五百六十両、キセル五百一本を没収した。三年目の五二年にも、阿片百三十五両とキセル百八本を没収した。三度の禁煙運動で逮捕された者のうち六人が死刑、四十人の阿片商が実刑判決を受けた。

小都市ですらこんなあり様であったから、大都市や中都市ではさらに阿片喫煙者が多く、人口の二十五%から六十%近くにものぼった。

阿片の害が最も深刻だったのは貴州省であった。省全体では少なくとも二十八%の三百万人が阿片喫煙者で、とりわけ省都である貴陽市の場合、人口約二十万人の都市に、阿片喫煙者はなんと六十～七十%にのぼった。また貴州省の地方の村では、村人の八十～九十%が阿片喫煙者だったという。ドラと太鼓の隊列が禁煙キャンペーンを叫んで大批判大会を開けば、動員された人数は一度に数千人から数万人の規模に達した。「戒煙所」は常時満員だった。

広西省の場合も、人口二百万人の地方都市で阿片喫煙者は八十％に達し、大批判大会などで教育を受けたものは、延べ三十二万人に達した。

五〇年から五二年にかけて、三度の政治運動による禁煙キャンペーンの結果、全国では総数約二十二万件の阿片事案が摘発され、密売した八万人あまりが実刑判決を受け、八百人以上が死刑になった。強制的に禁煙させられた重症の阿片中毒患者は、約二百万人にのぼったという。

厳罰つきで摘発された人数もすごいが、実際に阿片喫煙者の総数はいったいどの位だったのだろう。正式の統計数字がないので、ここで推算してみたい。五〇年当時の中国の人口は約五億五千万人であったから、もしも阿片喫煙者が全国平均で十％いたとすれば、五千五百万人、十五％なら八千二百五十万人いたことになる。実際にはもっと多かったかもしれないが、とにかく膨大な人数になるのはまちがいないだろう。

阿片戦争以前から、どんな政治権力も根絶できなかった阿片を、共産党はわずか三年間でほぼ一掃してしまった。その意欲と実行力には、ただただ脱帽するほかはない。

だが、なぜ共産党は阿片をほぼ一掃することができたのか――。

五〇年といえば、中華人民共和国が成立した翌年である。対外的には、朝鮮戦争に参戦している。

朝鮮戦争は、大韓民国と朝鮮民主主義人民共和国との戦いだったが、第二次世界大戦後の米ソの対立を背景として、アメリカ軍を中心とする国連軍と、ソ連（当時）から軍備を提供された中国義勇軍との間で国際紛争に発展した。結局、戦争は勝敗がつかず、五三年に休戦した。朝鮮半島は北緯三十八度線を境にして二つの陣営に分かれ、今に至っている。

日本はこの戦争で、「特需景気」に沸いた。第二次世界大戦で敗北後、アメリカを主体とする連合国軍の占領政策に支配されながら、闇市全盛の貧困状態がつづいていたが、朝鮮戦争に要する米軍の軍需生産を請け負うことで、景気回復のきっかけを摑み、その後の高度経済成長へと大きく飛躍することになったのである。

これに対して、中国が朝鮮戦争から摑み取ったものはあまりにも少なく、逆に、精神的にも物質的にも大きな負担を背負うことになった。

精神的な負担というのは、列強に侵食された戦前の記憶が消え去らないうちに、朝鮮戦争によって、アメリカ資本主義への憎悪がさらに増幅されたということである。中国はその憎悪を国内に向けさせたのだ。国内を強固な社会主義思想で統合するために、矢継ぎ早に政策を打ち出したが、その多くが民衆を動員する政治運動と結びついた。

一九五〇年、「土地改革」の名の下に、全国の農村で大衆運動を組織して、大地主から土地を没収し、逆らう者を摘発した。「帝国主義」「封建主義」「官僚資本主義」の残存勢力を撲滅するための運動にも乗り出した。五一年二月には「反革命処罰条例」を制定して、「反革命罪」が明文化された。

この一連の運動のなかで、とりわけ阿片は憎むべき存在として映ったはずだ。阿片は帝国主義の「残存物」であり、封建主義の「旧悪」である。阿片を一掃することは、すなわち社会主義を信奉する中国から、帝国主義の禍根を一掃することに等しい。そうした論理の末に、阿片の禁煙キャンペーンは単なる社会的、道義的な禁煙運動としてではなく、政治運動の一環に組み込まれていったのである。

物質的な負担というのは、朝鮮戦争による戦時体制を維持するために、厳しい市場統制を迫られたことである。もともと貧しい生活の中から、さらに戦場へ送る物資を捻出するために、五〇年から五三年にかけて「三反五反」運動を展開した。

「三反」運動は、節約と増産計画を目的にしたもので、国家機関の「汚職」「浪費」「官僚主義」を「三害」として摘発した。「五反」運動は、「三反」運動に連動してはじまり、資本家の「贈収賄」「脱税」「横領」「原料のごまかし」「国家経済情報の窃取」を「五毒」として摘発した。

どちらの摘発も、減俸処分や解雇などという生易しいものではない。摘発された者は大批判大会に引き出され、殴る蹴るの制裁を受けて惨殺されたり、「反革命分子」として投獄、処刑されたりするのである。阿片の禁煙キャンペーンも、時期的に「三反五反」運動と重なったため、いつしか区別がつかなくなった。

だが、こうした政治運動は、節約と増産計画に役立つことはなかった。一度はじまった暴力は歯止めがきかなくなり、さらに激しい暴力の嵐を呼んでいった。

密告の奨励と逮捕。スローガンによる洗脳。強制的に参加させられる各種キャンペーンと大批判大会。人々は仕事も日常生活も放り出し、家族や友人との間で疑心暗鬼に陥った。工業生産は滞り、都市の市民生活は成り立たなくなった。食糧生産も減少して、貧しい農民はさらに深刻な貧困に直面した。

全国の流通も遮断された。「旧悪」とみなされたあらゆる物を探すために、鉄道がとまり、公道は交通が渋滞し、港湾では船積み貨物が山積みになった。社会生活に支障をきたした人々から不満の声があがらなかったのだろうか？　いや、そのような声は即座に「反革命分子」として槍玉にあげられ、ねじ伏せられた。

阿片にとって、流通の遮断は命取りだ。

考えてもみてほしい。阿片は消耗品なのである。毎日消費者の手に供給されねばならない。それには系統だった流通システムが不可欠だ。

阿片はこれまで、清朝以前から発展してきた河川の道、「塩の道」を中心にして、綿密な輸送ルートを保ってきた。いわば、中国の伝統的大量輸送ルートを駆使し、列強の近代的流通手法によって、資本主義のルールで運営されてきた市場である。

その流通ルートを遮断すれば、致命的な事態に陥る。全国へ供給されるはずの阿片が届かず、各地の販売ネットワークは混乱をきたし、阿片市場は成り立たなくなる。

共産党が認識していたかどうかは疑問だが、阿片の一掃は決して禁煙キャンペーンだけで達成されたわけではない。全国に吹きまくる政治運動の嵐の中で、流通ルートが遮断され、結果的に阿片市場が消滅してしまった面も大きいのである。

阿片収入に頼った「青幇」のネットワークも壊滅した。ただし杜月笙は一九四九年五月、中華人民共和国が建国する五ヶ月前に香港へ脱出して、その後も阿片に浸かりきったまま安楽に暮らし、五一年に六十三歳で生涯を終えた。

中国は歴史が長すぎるゆえに、短く感じられることがある。

阿片戦争の「置き土産」である香港を、イギリスが中国へ返還したのは一九九七年のことだった。つい最近の歴史的出来事である。私も香港まで返還式典を見に行ったが、阿片戦争がとても身近に感じられたものだった。

もっとも、香港返還を私は心底喜んだわけではない。香港は私が子供の頃から慣れ親しんだホームタウンだったし、懐かしい香港のイメージは、東洋と西洋が一体となったイギリス領の光り輝く「東洋の真珠」であった。それが中国へ返還されることによって、輝きが失われるのではないかと悲しんだ。その一方で、他国に奪われた領土が戻ってくるのを喜ぶ気持ちも湧いてきて、私はいったいなにを悲しんでいるのだろうと自問自答したりした。

そんな矛盾した気持ちを抱えていたのは私だけではないだろう。香港に住む中産階級の中国人は、社会主義国の一部になって自由を失うことを恐れて、返還前に世界の国々へ移住して行った。中国人の心の内には、祖国に対する恋慕の情と、豊かで安定した生活を維持したいという物質的な欲求とが共存し、常に矛盾を抱え込んでいるのである。

それもこれも、祖国が貧しすぎたためだろう。

貧しさの原因を遡れば、中国に阿片が入り、弱体国家に落ちぶれてしまったことにたどり着く。

イギリスが阿片を中国に注ぎ込んだきっかけは、喉から手が出るほどお茶が欲しかったからだ。中国には、お茶ばかりか絹製品、陶磁器など、欧米諸国が欲しがるものが山ほどあった。それに対して中国は、贅沢品から必需品まですべて国内で賄えたことから、外国の商品で欲しいものはなかった。長らく強大な国家であったために周囲の国々から崇拝され、自分は尊大に構えて外国に恩恵を施すことに慣れきっていた。欧米諸国に対しても、寛容の精神で貿易を許したのである。その結果、イギリスは中国からお茶を買い続けて、膨大な貿易赤字を抱えこんだ。赤字解消の苦肉の策として考えついたのが、阿片の密輸である。

もし中国が数千年の歴史に胡坐をかかず、順調に近代化を遂げていたら、阿片の侵入を防ぎ、列強の侵攻から身を守ることができただろうか。

いや、儒教思想に裏付けられた長い伝統は、人間をがんじがらめに身動きできなくしてしまった。科挙試験は優れた知識人の生気を絞りとり、為政者に奉仕するためだけにエネルギーを使い果たさせた。絶大な権力機構は民衆の血と涙のうえに構築された。たとえ有能な為政者が改革しようとしても、国土が広大すぎて膨大な時間がかかっただろう。だいいち、為政者はそんな必要性をはじめから認めていなかった。近代的な知識や教養は限られた一部の人間だけにあれば十分で、一般大衆は無知で字も読めないほうが扱いやすいと考えていたのである。これではとうてい近代化は成し遂げられないし、阿片の侵入を防ぐこともできなかっただろう。そして列強は、たとえ阿片でなくとも、なんらかの別の手段で侵攻していただろう。

日中関係については、どうだろうか。

もし阿片がなかったら、そして中国が列強に侵略されることがなかったら、日本と中国の間にはどんな別の世界が広がっていただろう。

遣唐使の時代から、日本は中国に対してずっと深い尊敬の念を抱いてきた。明治時代には、アジアの中でいちはやく近代化を成し遂げた日本が、逆に中国人の強い憧れの的になり、多くの留学生を受け入れた。孫文が起こした辛亥革命を支えたのは、日本の気骨ある民間人たちである。それほど両国は互いに緊密で良好な信頼関係を保ってきた。

だが、信頼関係を最初に裏切ったのは日本であった。近代化の舵取りを誤り、国土を拡大し、列強を退けてアジアの支配者になろうと性急に考えたのだ。戦争はそのための手段であり、戦争の資金を調達するために、イギリスの真似をして阿片を利用した。台湾や関東州、満州で阿片を売りまくったのは軍人や役人だけではない。民間人も密売に手を染めた点で、日本全体の責任だといわねばならない。

このことは、私自身にも重い課題を突きつけてくる。

私の父は中国人で、母は日本人である。父は中国革命に参加した後、政治家として外交を担った。母方の祖父は日本陸軍の中将で、中国戦線にも参戦し、終戦の前年にはインパール作戦の撤退を指揮して敗残兵を日本へ連れ帰った。父も母も祖父も、私にとっては等しく大切な家族であり、日本も中国も大切な母国である。

だが、言ってみれば、父と祖父は日中戦争の矢面に立って戦った敵同士である。過去の日中関係におもいを致すと、私の体の奥から、激しく責めたてる声と気弱に弁解する声とが同時に沸き起こり、収拾がつかなくなるのである。

日本と中国の間に、そんな時代がなかったら、どんなに良かっただろうとおもわない日はない。もしも中国を侵略したのが欧米列強だけで、日本が加わらなかったら、中国は早々と内戦を終結して、平和な国に順調に発展していただろうか。

残念ながら、そうはならなかっただろう。国民党と共産党のいがみあいは、外敵・日本に対するよりも、さらに激しく執拗だった。日本が侵攻した後も、両者は日本をほったらかしにして戦った。そして日本が大陸の奥深くまで侵攻し、国家存亡の危機が叫ばれるようになったとき、ようやく手を取り合って「国共合作」を実現し、抗日戦争がはじまったのだ。その意味では、日本は国民党と共産党を結びつける「接着剤」の役目を果たしたことになる。現に、日本が敗戦して共通の敵を失ったとき、国民党と共産党は再び反目し合い、前にも増して激しい戦いを演じてみせたのだ。日本がいてもいなくても、中国の内戦は行き着くところまで行かなければ終わらなかったのである。延々と内戦をつづける限り、平和も順調な発展も決して訪れることはない。

ただ、日本にとって不幸だったのは、列強諸国に出遅れて、最後に単独で、かつ内陸部まで侵略したことである。最後の敵は、以前の敵より記憶に新しい。直接接した中国人が多ければ、鮮明な記憶も数多く残る。日本ばかりが未だに中国から目の仇にされる理由は、どうもこの辺にあるのではないだろうか。戦争はお互い様で、一方だけが悪いことなどありえないと私はおもっているが、もし戦争が避けられない事態であったのなら、せめて日本が最後の敵でなければよかったのにと、ぼんやりおもったりするのである。

歴史には、何が幸いし、何が不幸を招くのか、わからない面がある。偶然と必然が絡まり合って、当事者には未来が読めないからだ。人は必然に固執するが、偶然によって左右され、皮肉な結果を生きることになる。長い時間がたち、過去を振り返って見たときに、ようやく選択肢の先にはこんな道があったのかとわかるのである。

十九世紀後半から二十世紀前半にかけて、世界の歴史は阿片を中心にして廻っていた。そして阿片の道はすべて中国へつづいていた。人間の欲望の果てに、中国は外国から好き勝手に切り刻まれ、足腰立たないほどに痛めつけられた。そして中国を代表する蒋介石も毛沢東も、内戦の資金を得るために大なり小なり阿片の恩恵を受けた。

中国近代史にとっての阿片とは、時代も立場も場所も超えて、すべての人の身近にあって、利用価値の高い貴重な品だったのである。

もし阿片がなかったら、現在の中国は、今よりもっと早く改革に成功して、経済発展していただろうか。

その答えは、「否」だ。国家の形成は外国の影響だけで決まるものではない。もっと重要なのは、その国の人々の覚悟と行動だろう。どんな国を作りたいのか、どんな国に育てたいのか。それは自分たちが望んだ通りのものにしかならないはずだ。それならば阿片があろうとなかろうと、現在の中国も、きっと同じ道を歩んできたにちがいない。

あとがき

一度は根絶された阿片が、二十一世紀の現代に至ってまた中国で復活した。

中国で「南方走廊」（南方の廊下）と呼ばれる輸送ルートには、三つある。

「ゴールデン・トライアングル」を起点に、雲南省の瑞麗─昆明─広東─香港へと続くルート。昆明─台湾へと直線で結ぶルート。それと雲南─上海─ヨーロッパ、アメリカ、日本など、世界へ拡散するルートである。

近代化著しい中国で、「青幇」に代わる新たな闇の組織が続々と生まれ、勢力拡大のために資金源となる阿片の再生をもくろんでいるのである。

本書にも書いたように、ケシの花ははじめ「観賞用」として人々に愛された。

ケシの抽出液である阿片は「薬用」として珍重され、「呪術」の道具としても使われた。それが「贅沢品」となり、高価なことから「財産」扱いされ、政争の時代には「貨幣」の代わりに取り引きされるようになった。

現代では、モルヒネは医療に欠くことのできない医薬品である一方、ヘロインなど阿片加工品は闇の世界と結びつき、世界中の人々の間に広く深く拡がる麻薬でもある。

阿片はいわば「天使」の微笑みを湛えた「悪魔」だと言ってよいだろう。「悪魔」を駆逐して「天使」だけを残そうとしても、浅はかな人間にはとうてい無理な話である。

そして一度生み出された「悪魔」が消滅することは、もはや不可能にちがいない。

ならば私たちは、二十世紀の先達たちが残した遺産を注意深く用いながら、今後も折り合いをつけて生きていくほかはない。


本書を上梓するに当たって、新潮社「新潮新書」編集部の内田浩平氏には終始お世話になった。筆の遅い私を叱咤激励し、毎月のように催促してくださったご厚意に感謝いたします。

二〇〇五年八月

ニューヨークにて　譚　璐美

●主な参考文献

〈書籍〉

『阿片』マーティン・ブース著、田中昌太郎訳、中央公論社、一九九八年
『オールド上海　阿片事情』山田豪一編著、亜紀書房、一九九五年
『実録　阿片戦争』陳舜臣著、中公新書、一九七一年
『シャーロック・ホームズの冒険』コナン・ドイル著、延原謙訳、新潮文庫、一九五三年
『東方見聞録』マルコ・ポーロ著、愛宕松男訳注、平凡社、二〇〇〇年
『ロビンソン・クルーソー』(下) ダニエル・デフォー作、平井正穂訳、岩波文庫、一九七一年
『林則徐』堀川哲男著、中公文庫　一九九七年
『日本開国史』石井孝著、吉川弘文館　一九七二年
『鴉片之今昔』陶亢徳編、宇宙風社出版(上海)、一九三七年
『鴉片戦争史』蕭致治著、福建人民出版社、一九九六年
『従阿片戦争到五四運動』胡縄著、上海人民出版社、一九八一年
『旧上海黒社会』郭緒印編著、上海人民出版社、一九九七年
『鴉片戦争的故事』呂登来編著、上海人民出版社、一九七六年
『中国毒品史』蘇智良著、上海人民出版社、一九九七年
『中国禁毒簡史』王金香著、学習出版社(北京)、一九九六年
『林則徐評伝』林慶元著、南京大学出版社、二〇〇〇年
『鴉片的伝播与対華鴉片貿易』龔纓晏著、東方出版社(北京)一九九九年

『新校注本　本草綱目』明、李時珍編、華夏出版社（北京）、二〇〇二年
『中国茶経』陳宗懋主編、上海文化出版社、一九九二年
The Shanghai Green Gang —— Politics and Organized Crime 1919-1937, *Brian G. Martin*, University of California Press, Berkeley, 1996
The Opium War Through Chinese Eyes, *Arther Waley*, Stanford University Press, 1958

〈雑誌〉

「秘史　阿片が支えた日本の大陸侵攻」多田井喜生著、『新潮45』一九九二年五月号
「未発表資料で語る『偽札と阿片の満州』」多田井喜生著、『新潮45』一九九二年十一月号

〈新聞その他〉

「阿片で遊女死す」『崎陽雑報』慶応四年八月
「ハルリスによって阿片から救われた日本」『もしほ草』明治三年一月十三日
「清国、百年で十八省に蔓延」『東京日日新聞』明治七年九月二十四日
「長崎阿片事件」『東京日日新聞』明治十六年九月二十八日
以上四件、『明治ニュース事典』所収、毎日コミュニケーションズ
「鴉片販子的美国人！」『進歩日報』（中国）一九五〇年十二月五日
「英国資産階級利益集団与　両次鴉片戦争史料」『進歩日報』一九五二年五月二十五日
「〝浮動地獄〟里的　天罪行」『進歩日報』一九五一年九月二十一日
以上三件、『鴉片戦争史　論文専集』列島編所収、中国歴史研究叢書
「鴉片始末」齋藤馨著、手書き文献抄本、早稲田大学図書館蔵

譚 璐美　1950（昭和25）年東京生まれ。ノンフィクション作家。中国人の父と日本人の母の間に生まれる。慶應義塾大学文学部卒業。著書に『父の国から来た密使』『中華料理四千年』など。

Ⓢ新潮新書

133

阿片《あへん》の中国史《ちゅうごくし》

著 者　譚《たん》璐《ろ》美《み》

2005年 9 月20日　発行
2022年11月10日　3 刷

発行者　佐 藤 隆 信

発行所　株式会社新潮社

〒162-8711　東京都新宿区矢来町71番地
編集部(03)3266-5430　読者係(03)3266-5111
http://www.shinchosha.co.jp

印刷所　株式会社光邦

製本所　株式会社大進堂

ISBN4-10-610133-5 C0222

価格はカバーに表示してあります。